THIS JOURNAL BELONGS TO

_____

_____ TO _____

Cover: detail from the tapestry, La Dame
à la licorne, Le musée national du Moyen Âge

About

Mlle B is a graphic artist in Los Angeles.

Dedication

To Nina, for the gift of those first Tarot cards
To Mary, for teaching Mlle B to see
with her eyes closed
To the Hermit, for guidance on the soul's journey

Tarot Journal

de Mlle B

DATE _____

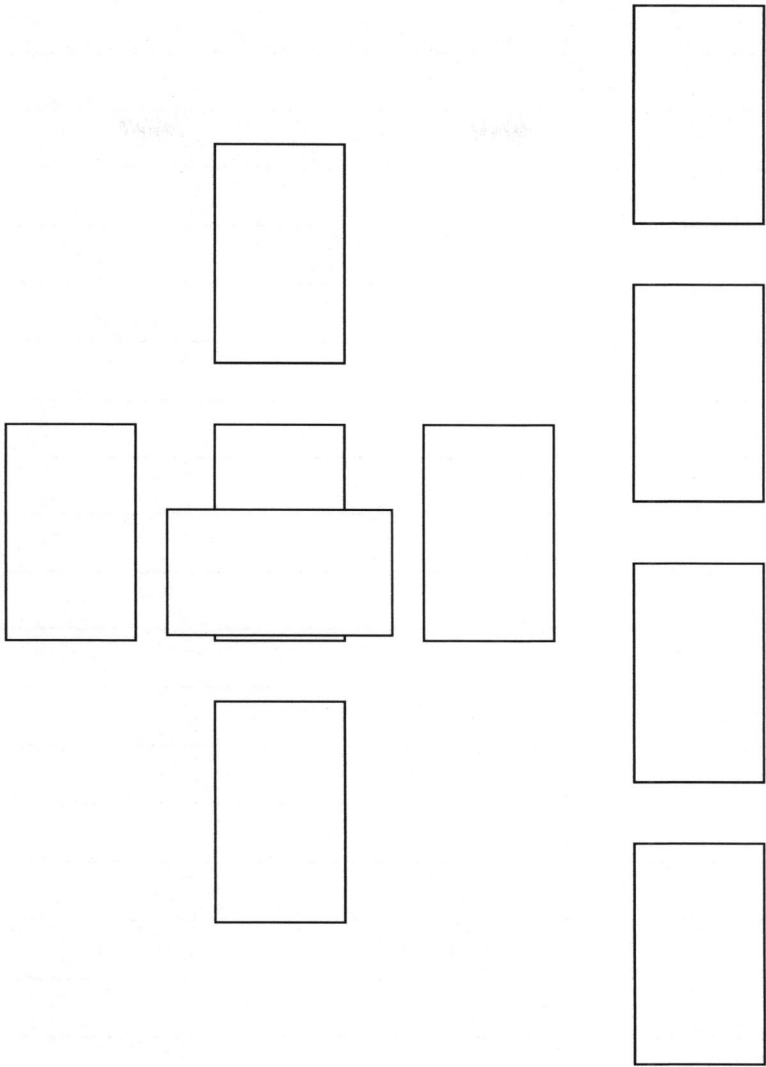

SIGNIFICATOR

DATE _____

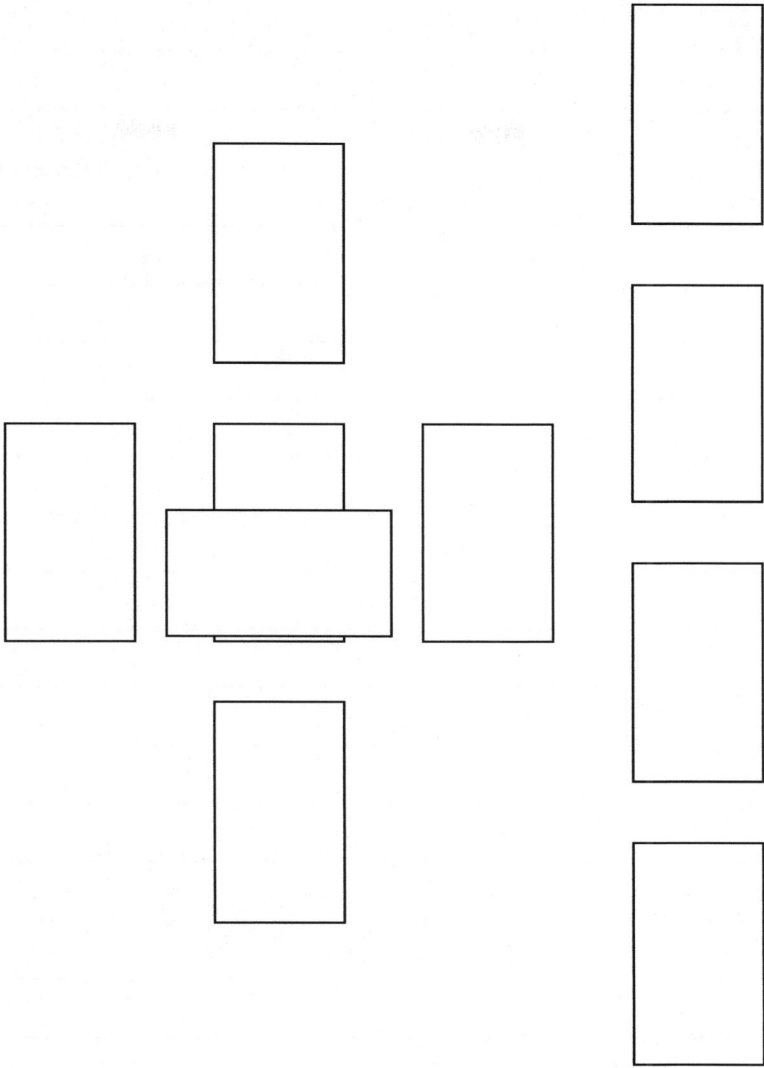

SIGNIFICATOR

DATE _____

SIGNIFICATOR

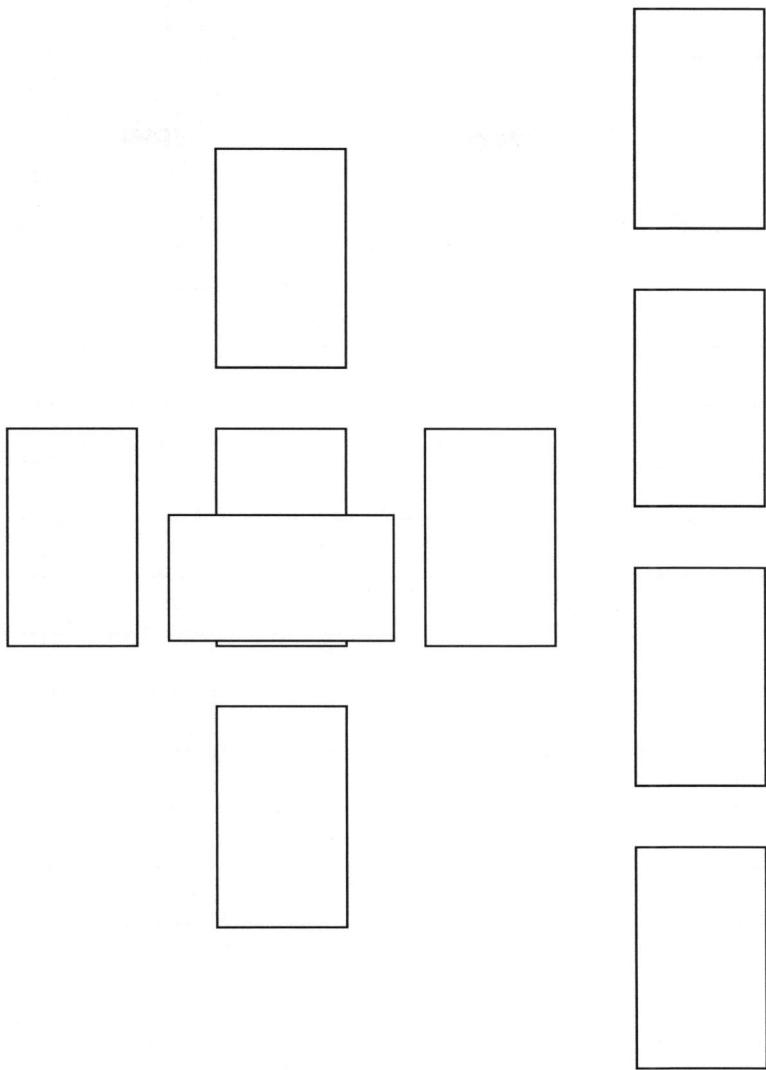

SIGNIFICATOR

DATE _____

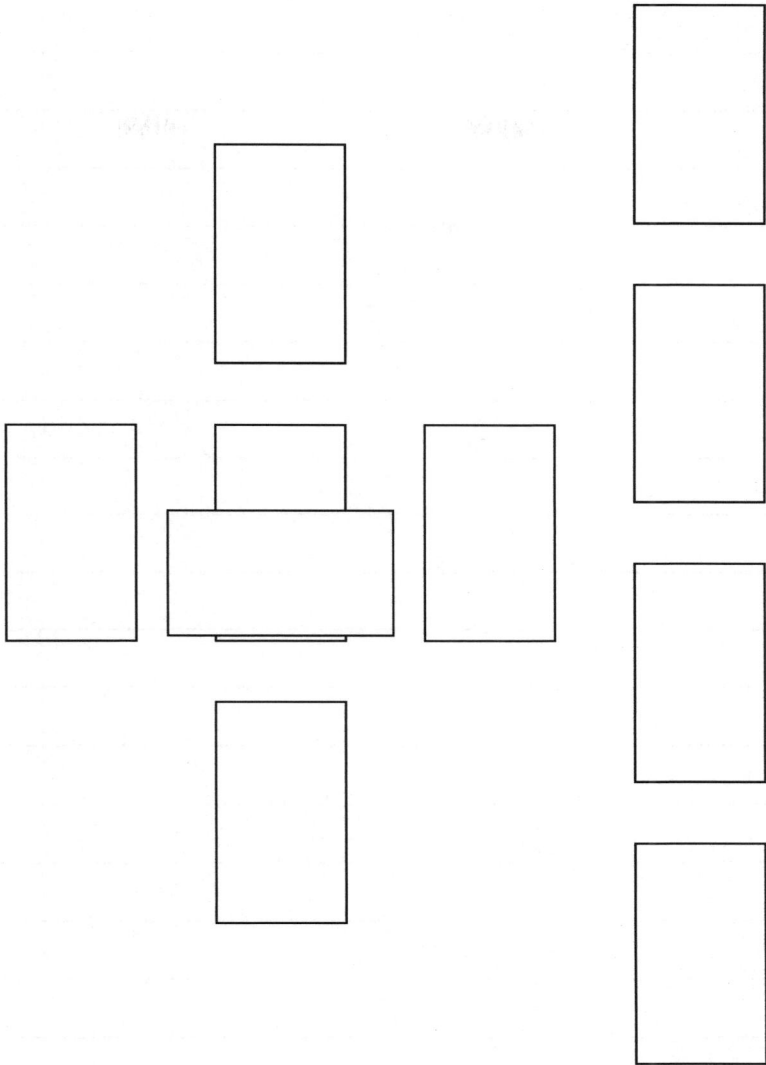

SIGNIFICATOR

DATE _____

_____

_____

_____

_____

_____

_____

_____

_____

_____

_____

_____

_____

_____

_____

_____

_____

_____

_____

_____

_____

_____

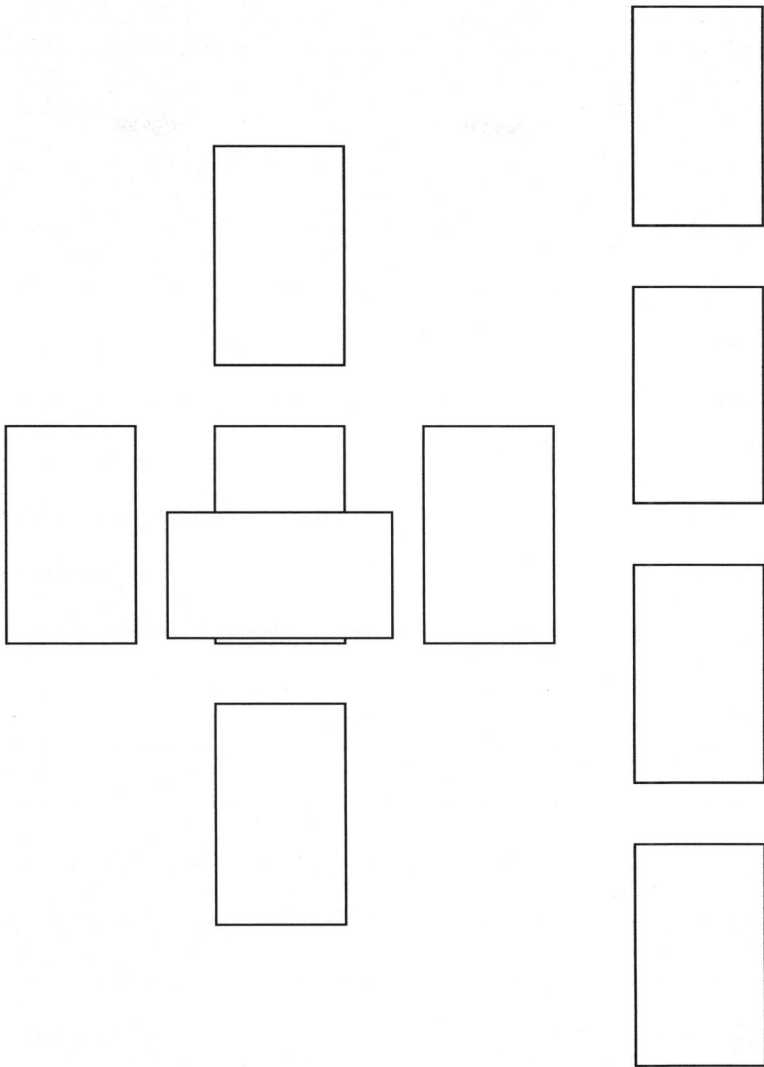

SIGNIFICATOR

DATE _____

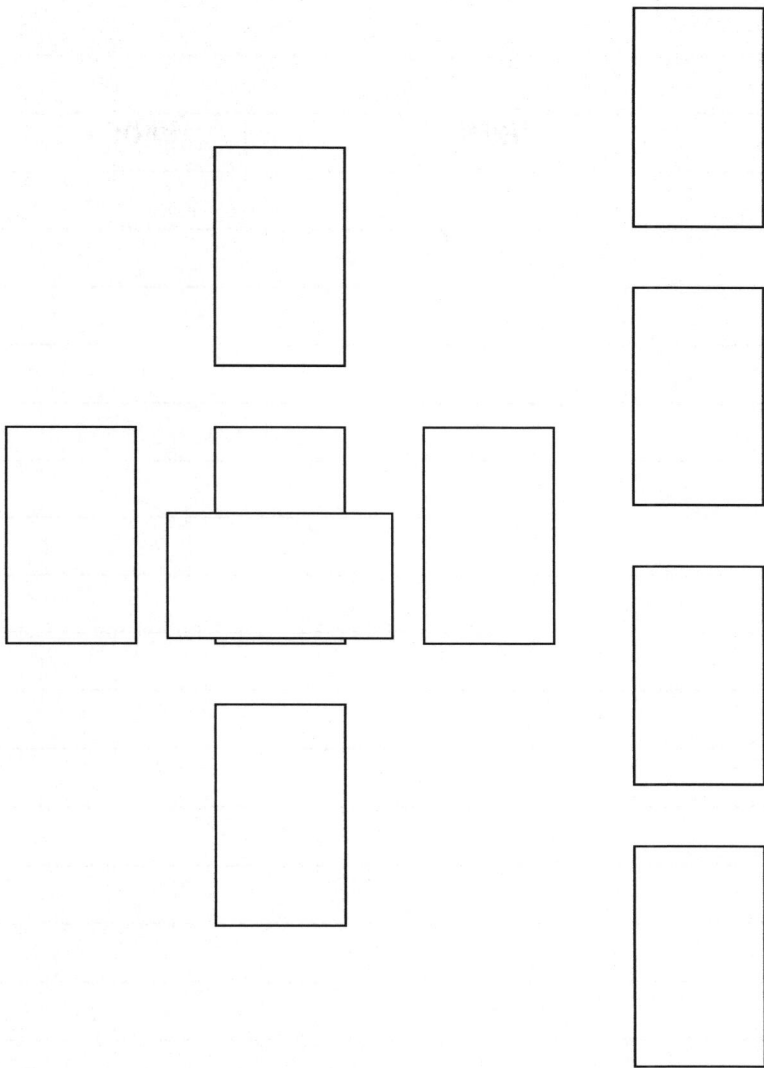

SIGNIFICATOR

DATE _____

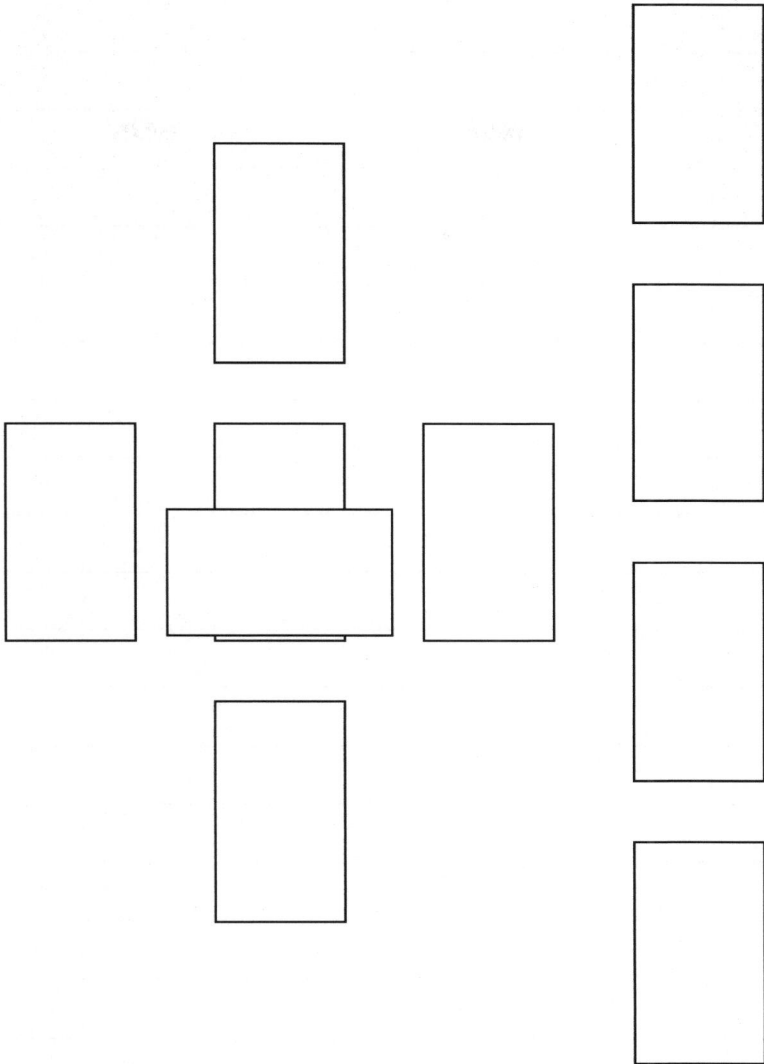

SIGNIFICATOR

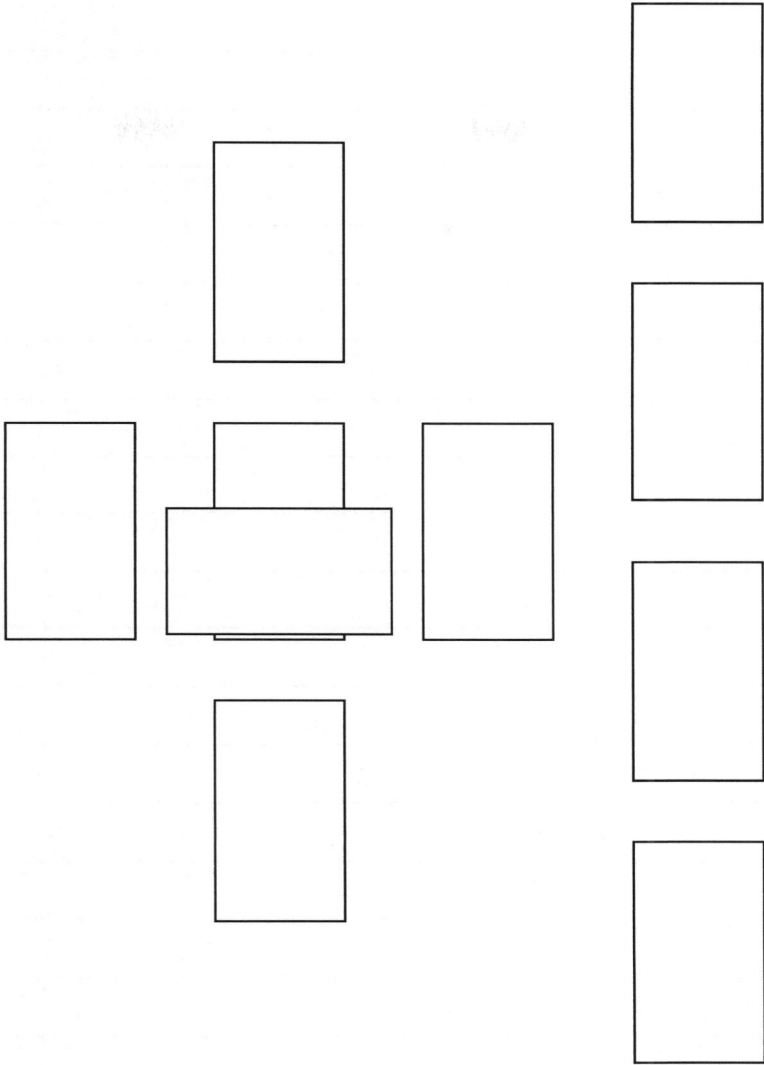

SIGNIFICATOR

DATE _____

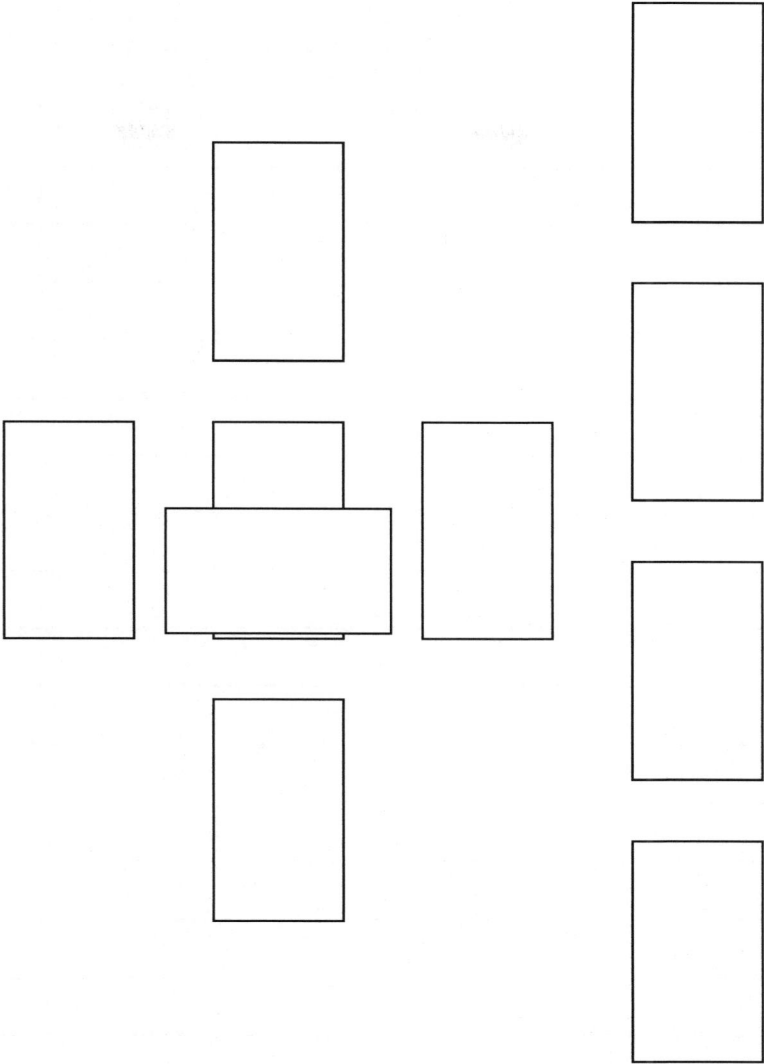

DATE _____

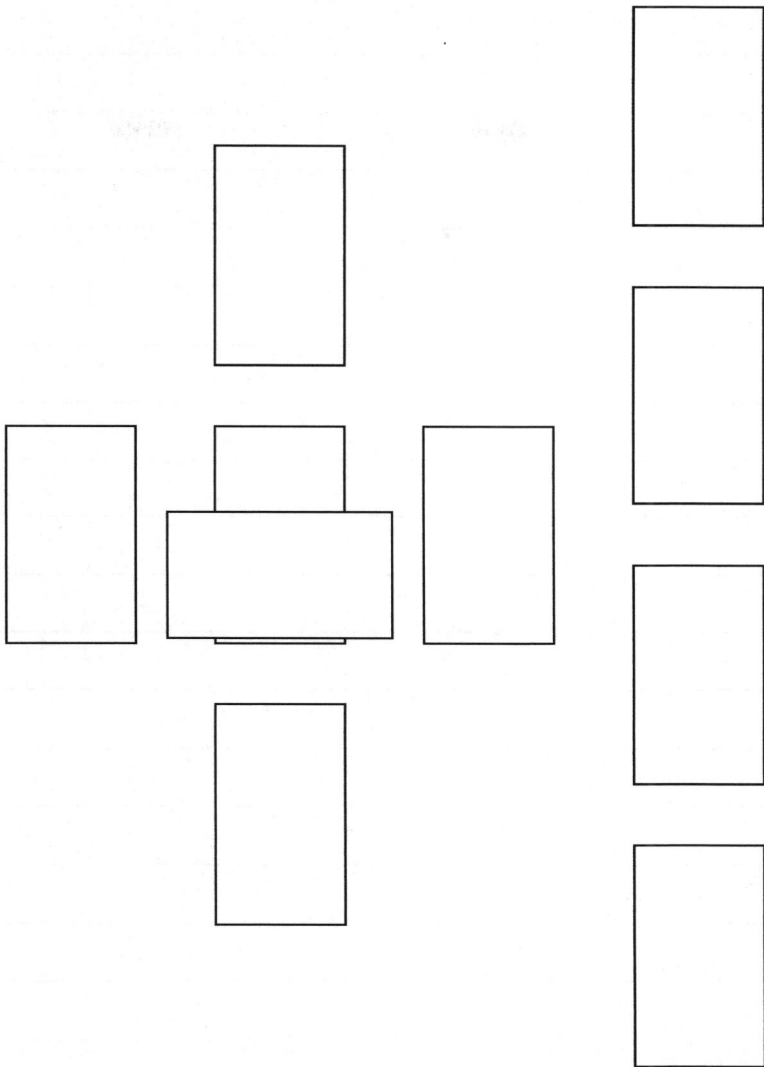

SIGNIFICATOR

DATE _____

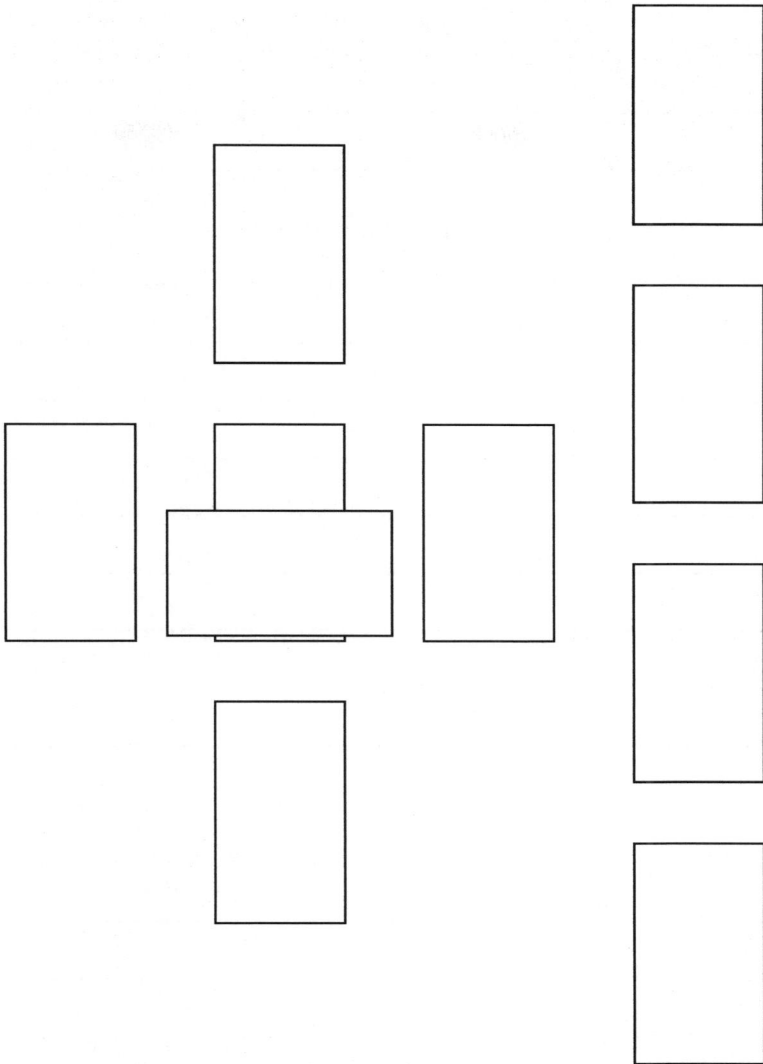

SIGNIFICATOR

DATE _____

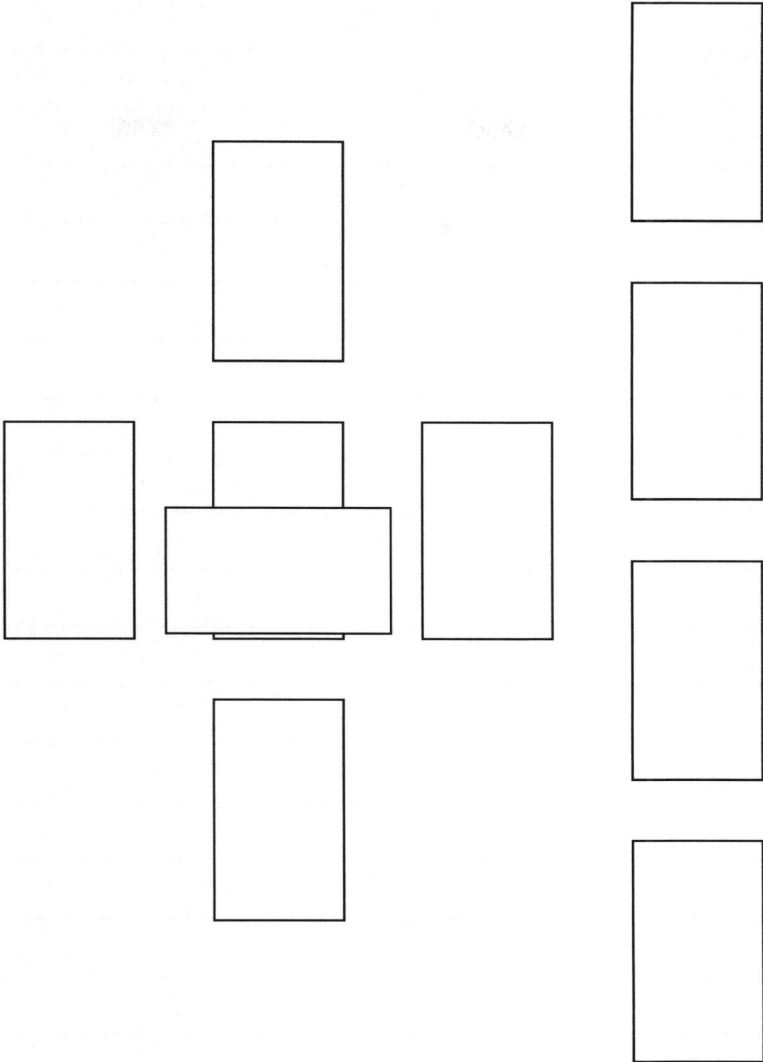

SIGNIFICATOR

DATE _____

_____

_____

_____

_____

_____

_____

_____

_____

_____

_____

_____

_____

_____

_____

_____

_____

_____

_____

_____

_____

_____

_____

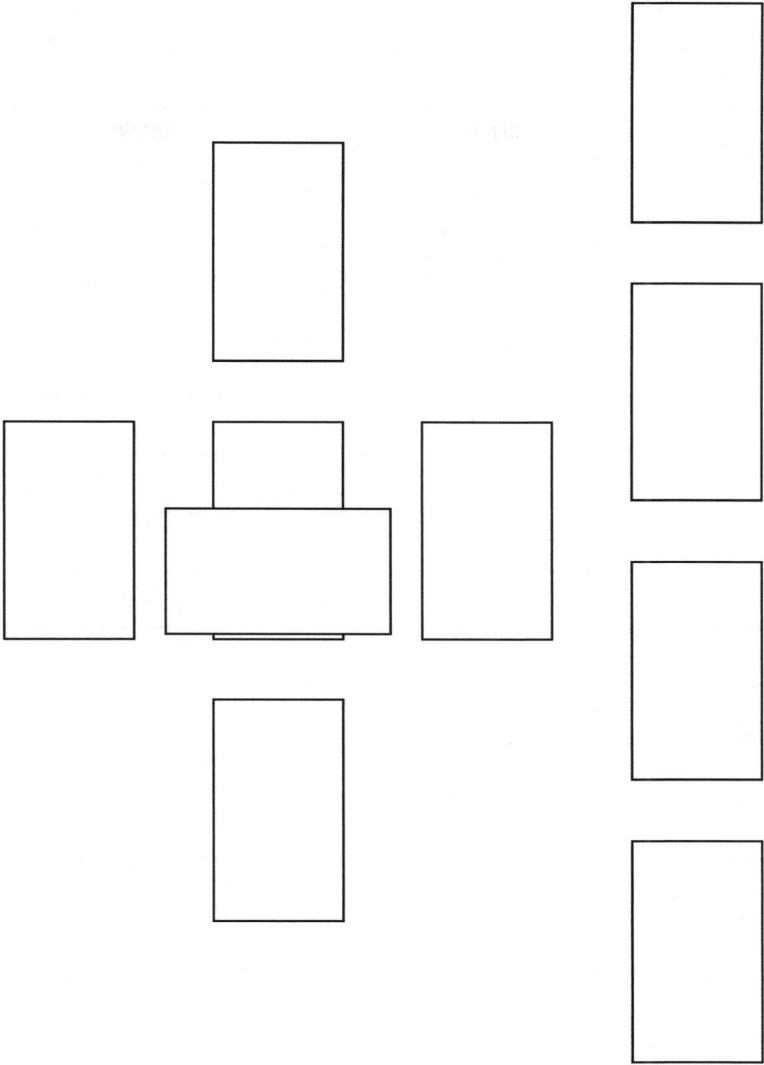

SIGNIFICATOR

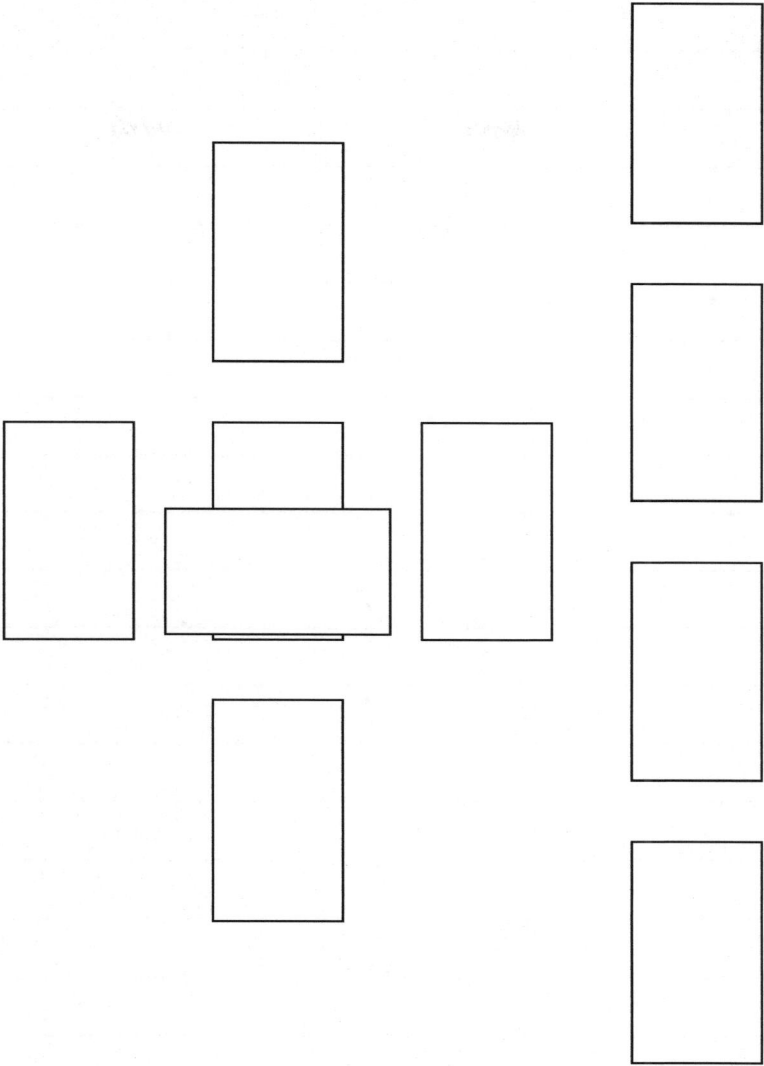

DATE _____

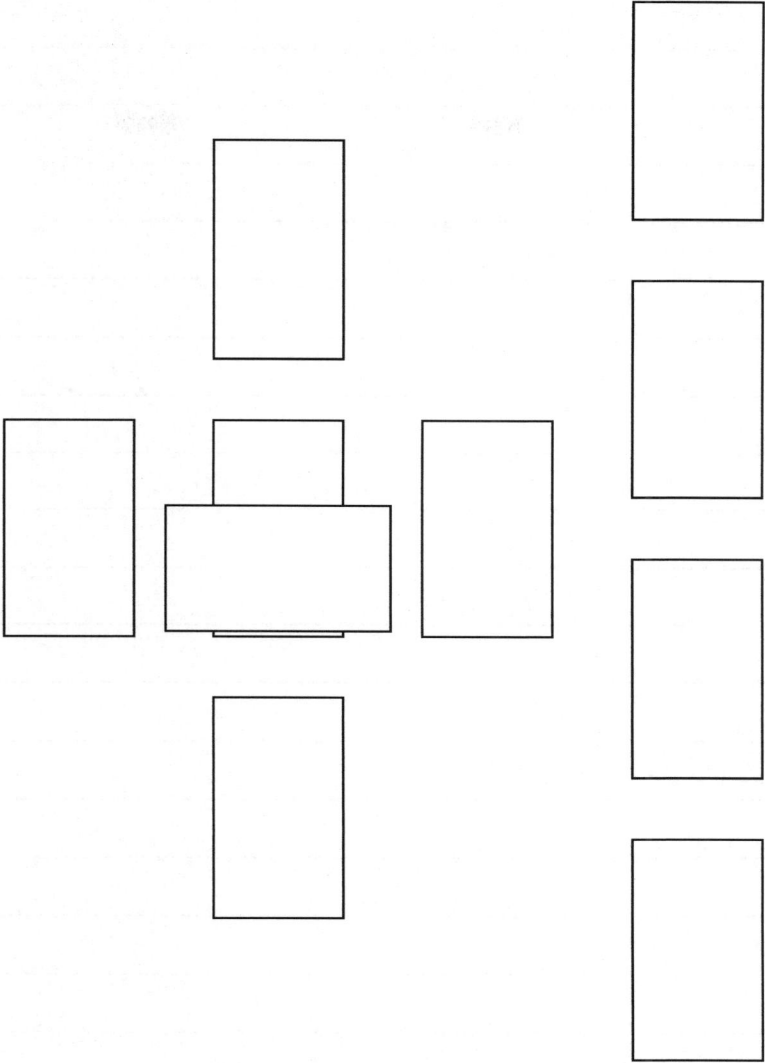

SIGNIFICATOR

DATE _____

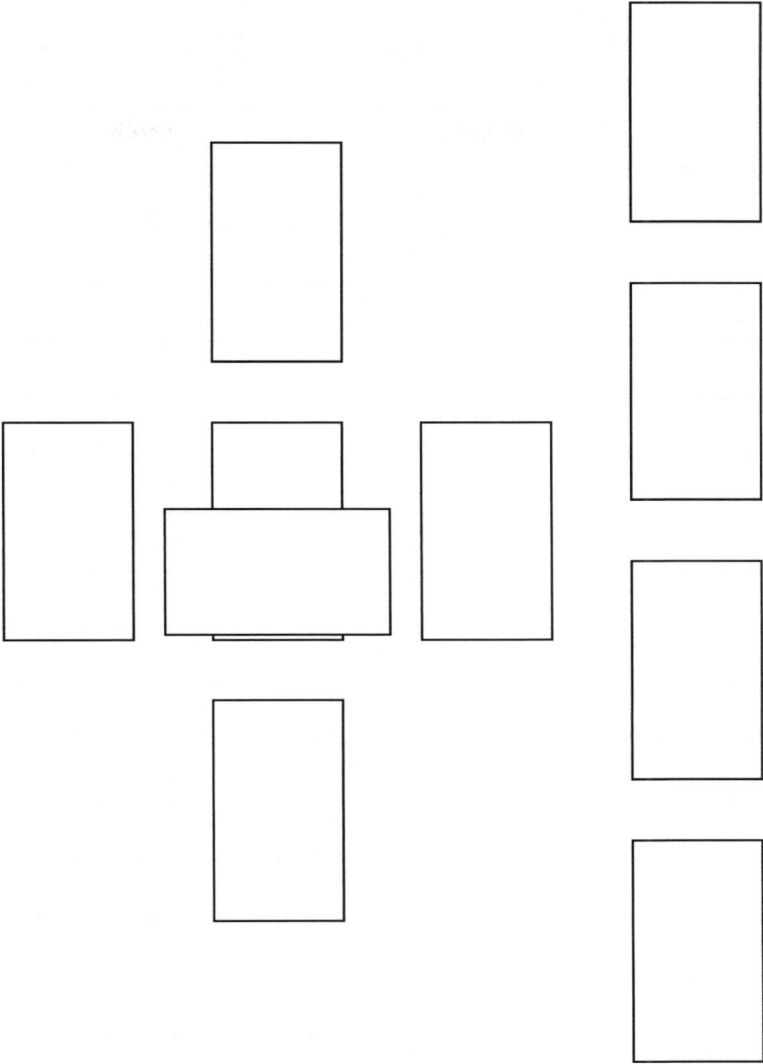

SIGNIFICATOR

SIGNIFICATOR

DATE _____

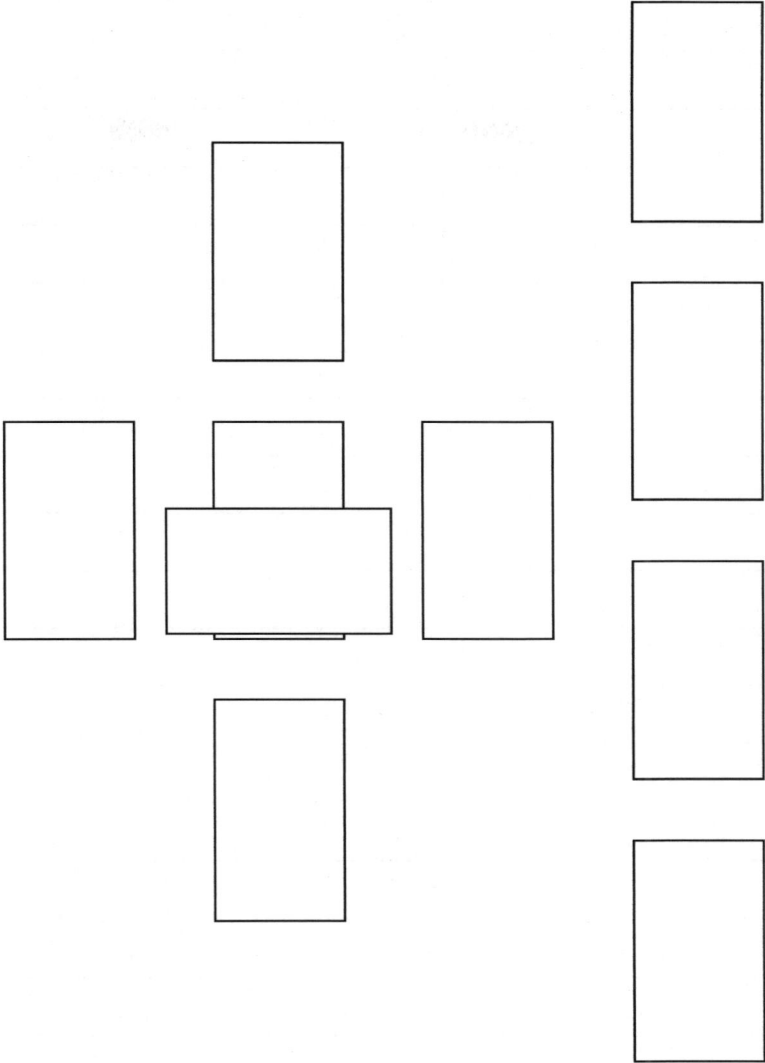

SIGNIFICATOR

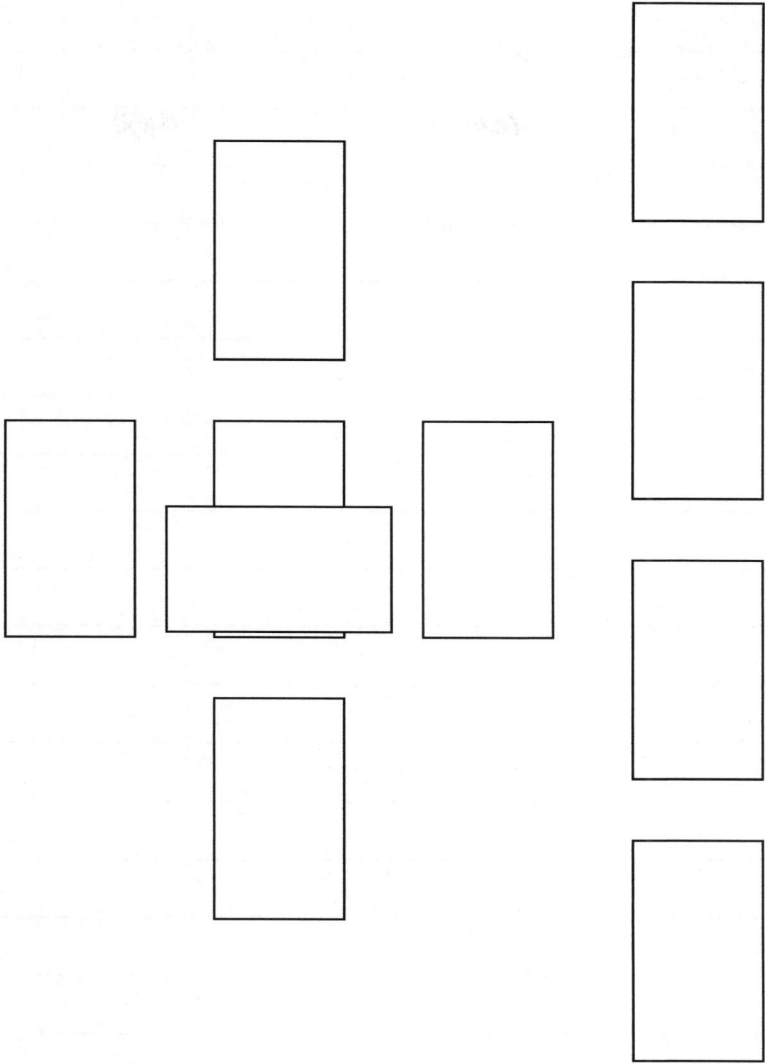

SIGNIFICATOR

DATE _____

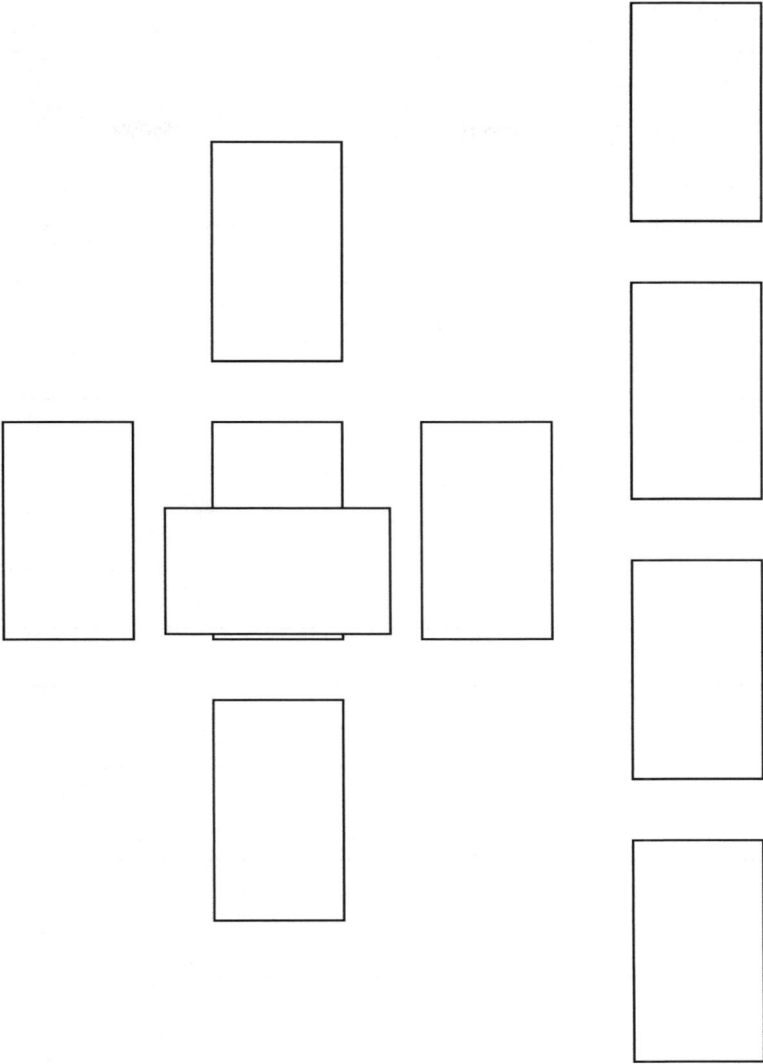

SIGNIFICATOR

DATE _____

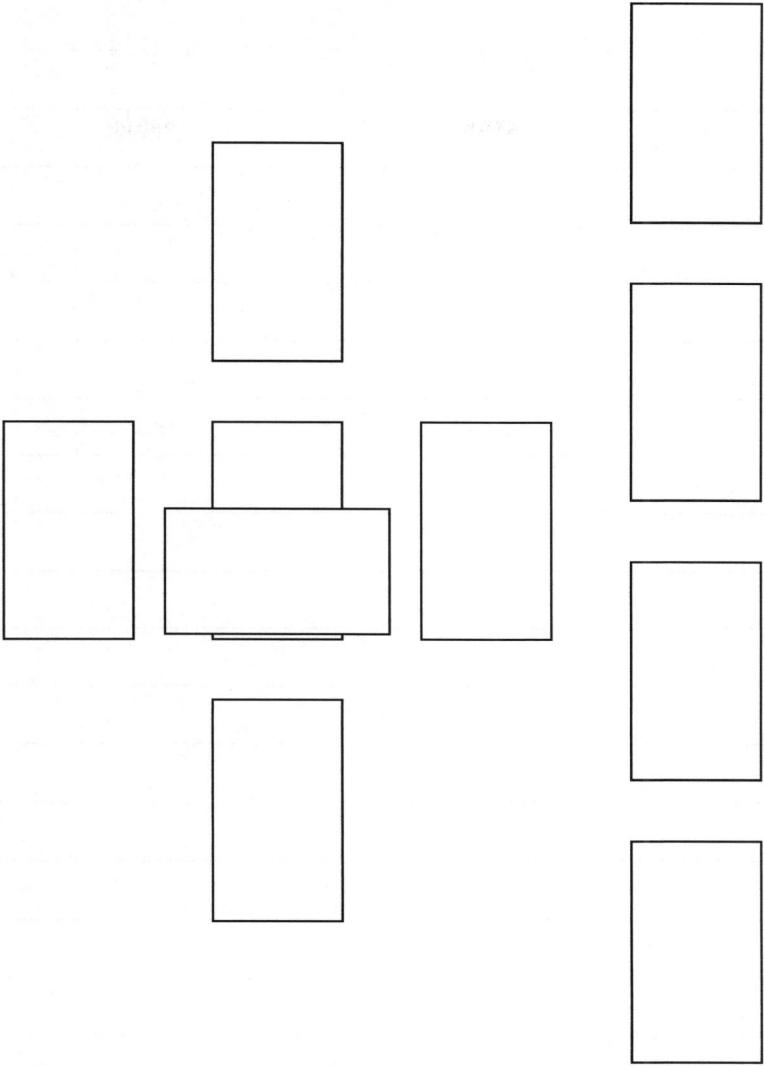

SIGNIFICATOR

DATE _____

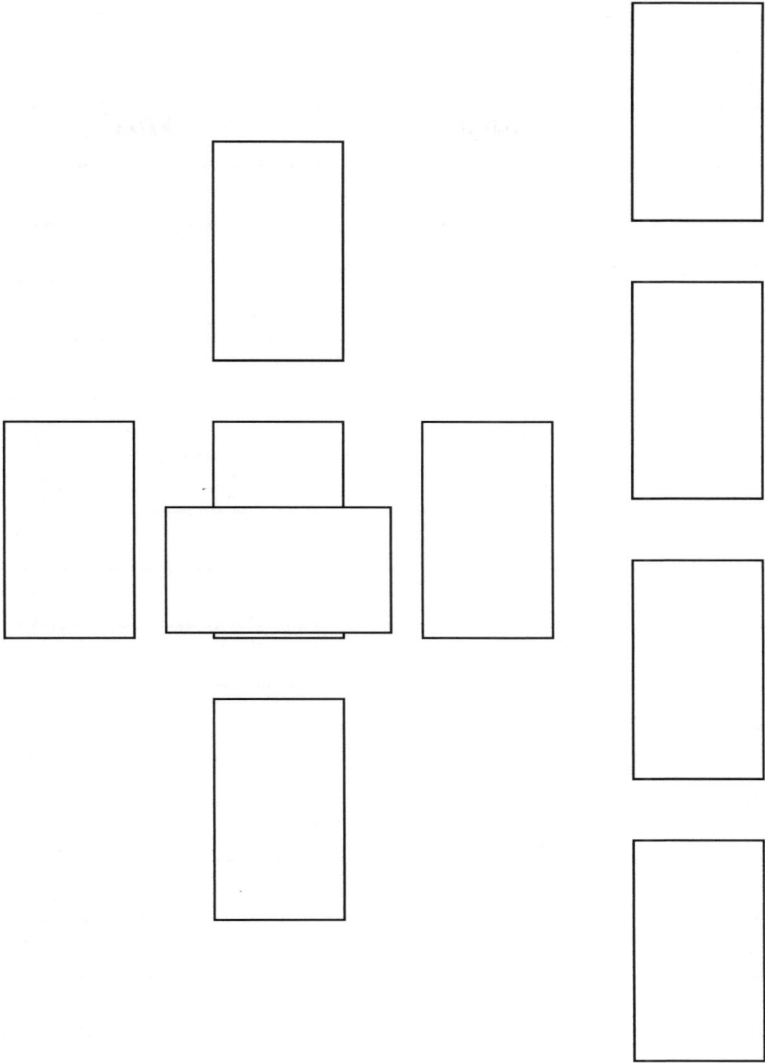

SIGNIFICATOR

DATE _____

SIGNIFICATOR

DATE _____

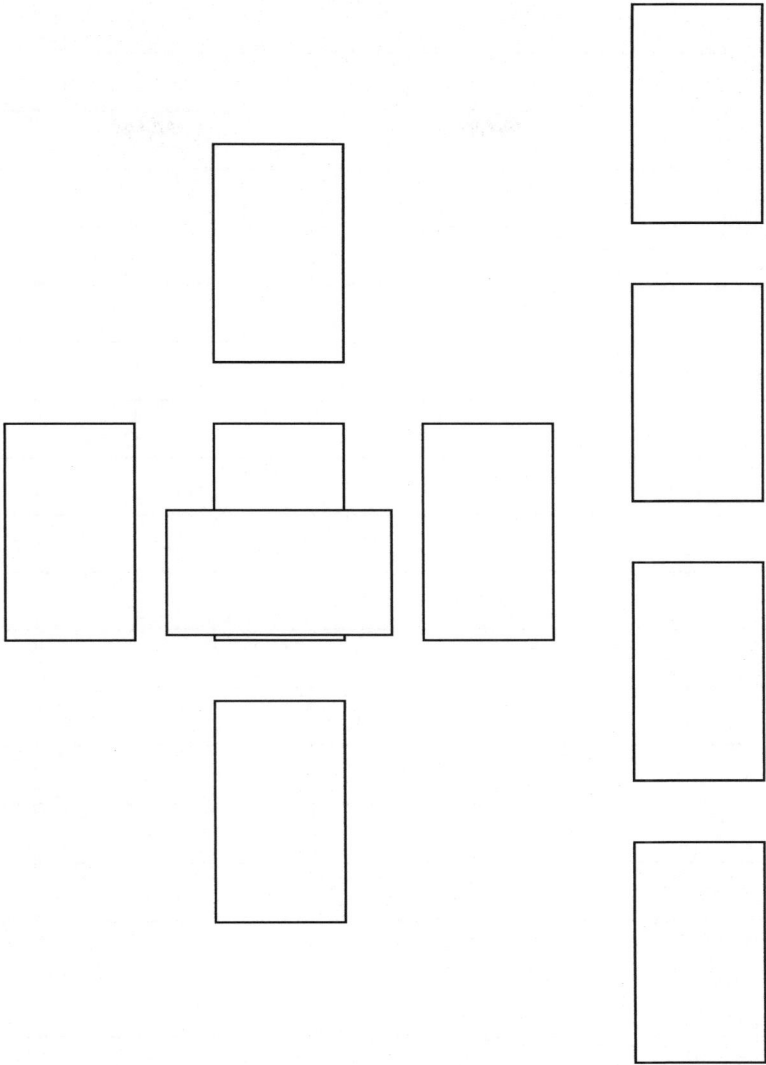

SIGNIFICATOR

DATE _____

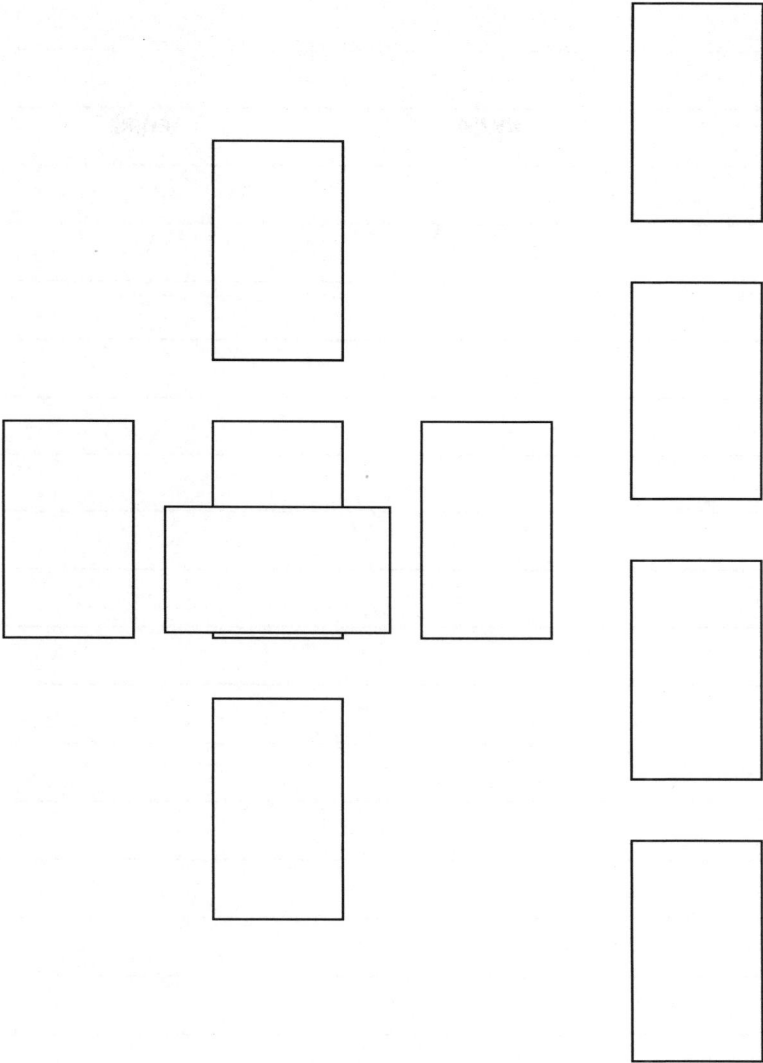

SIGNIFICATOR

DATE _____

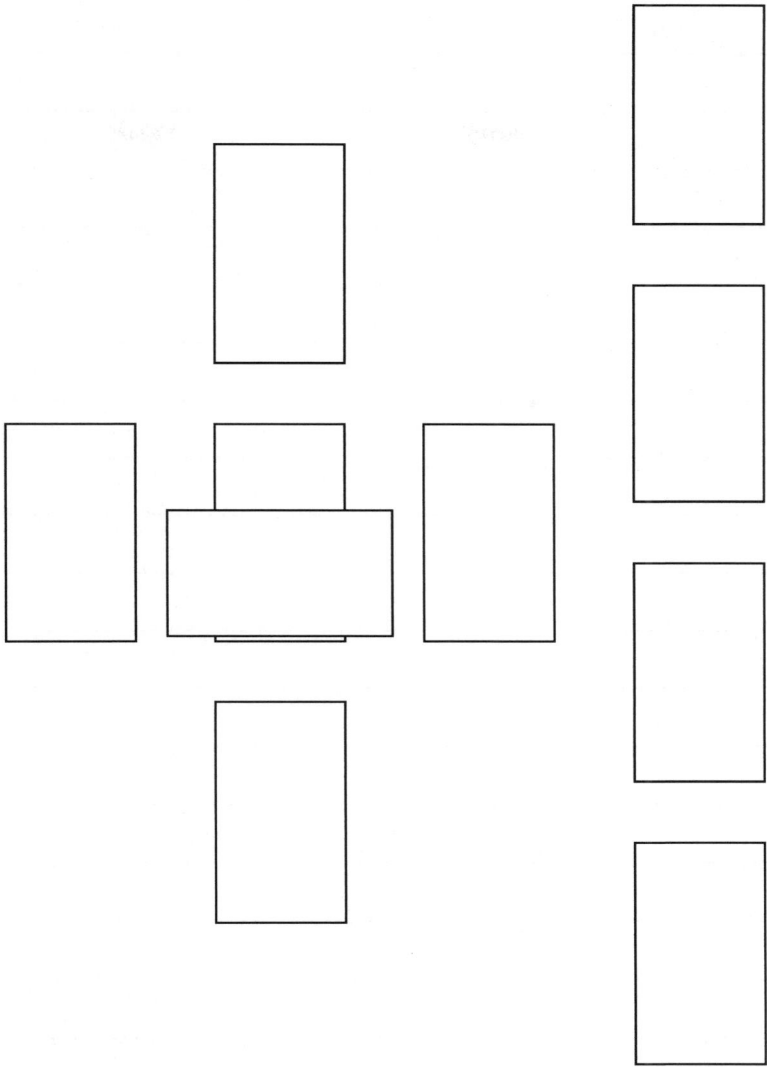

SIGNIFICATOR

DATE _____

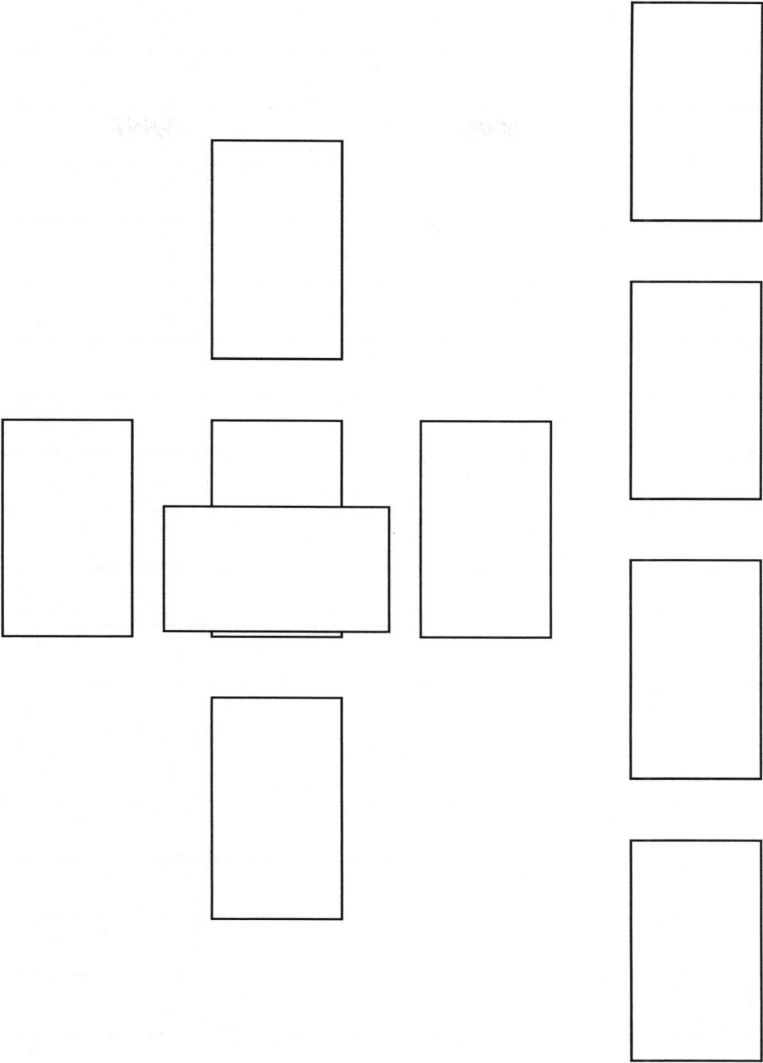

SIGNIFICATOR

DATE _____

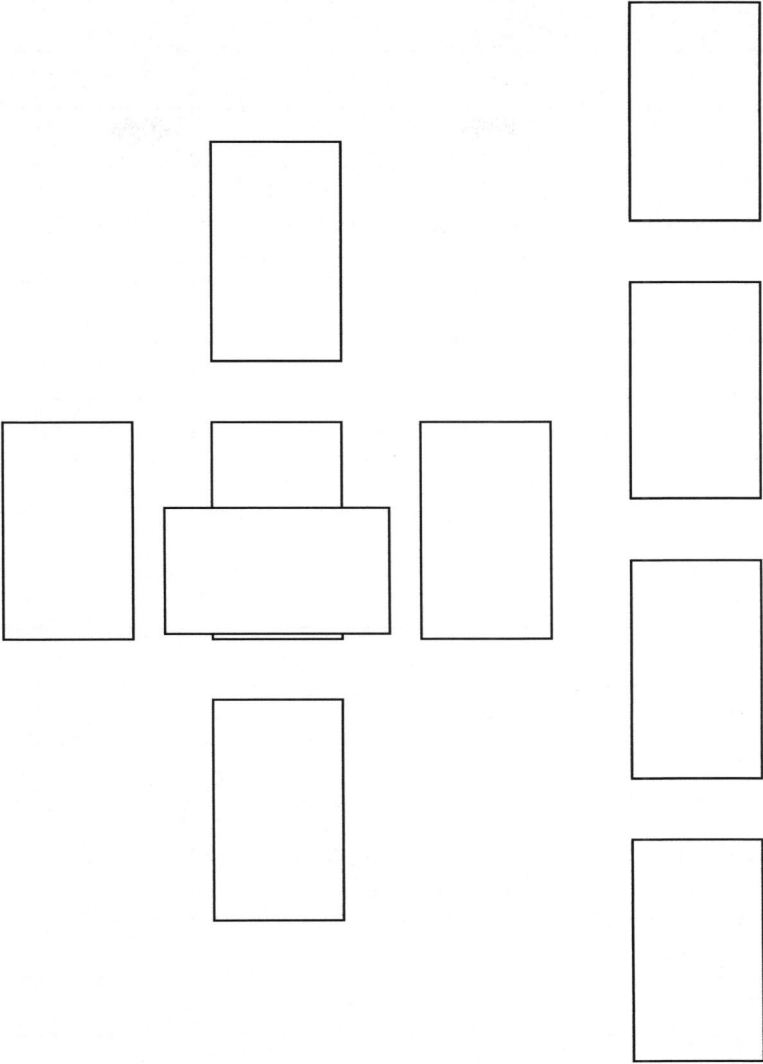

SIGNIFICATOR

Date _____

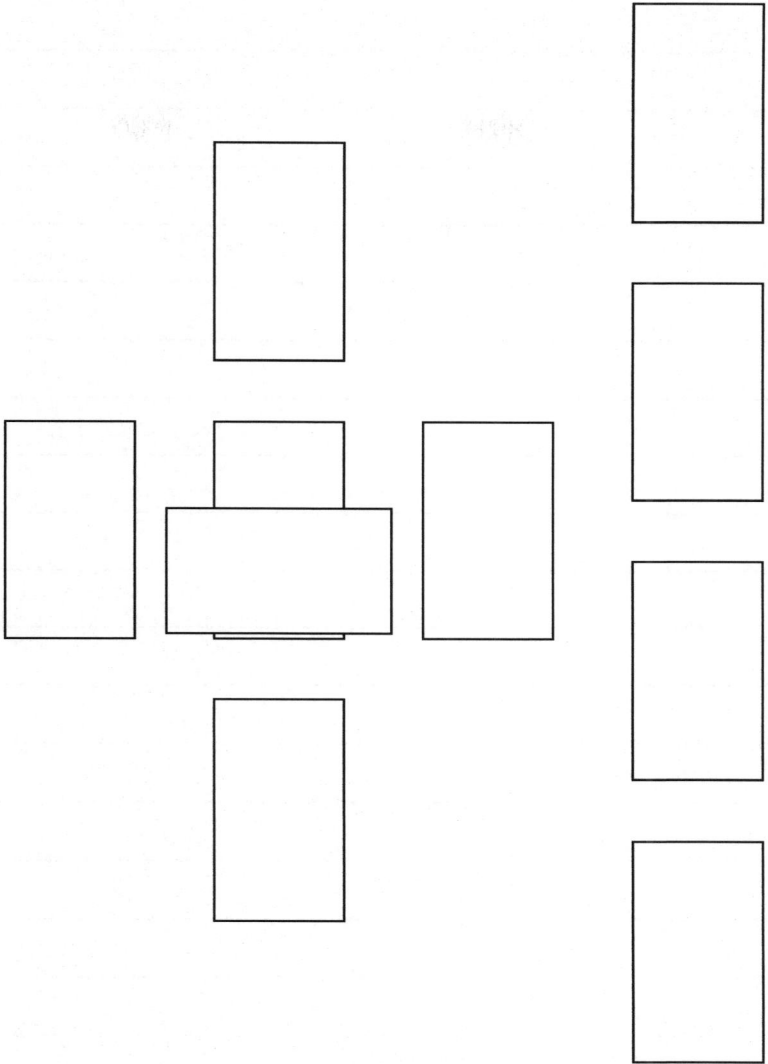

SIGNIFICATOR

DATE _____

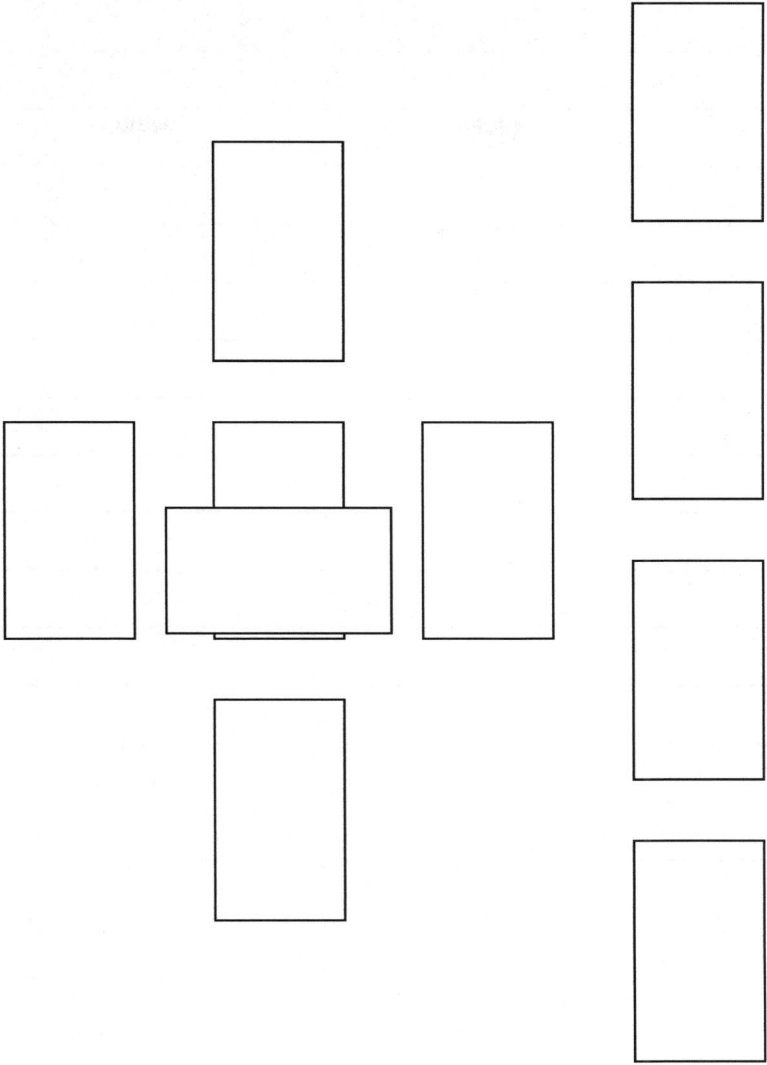

SIGNIFICATOR

DATE _____

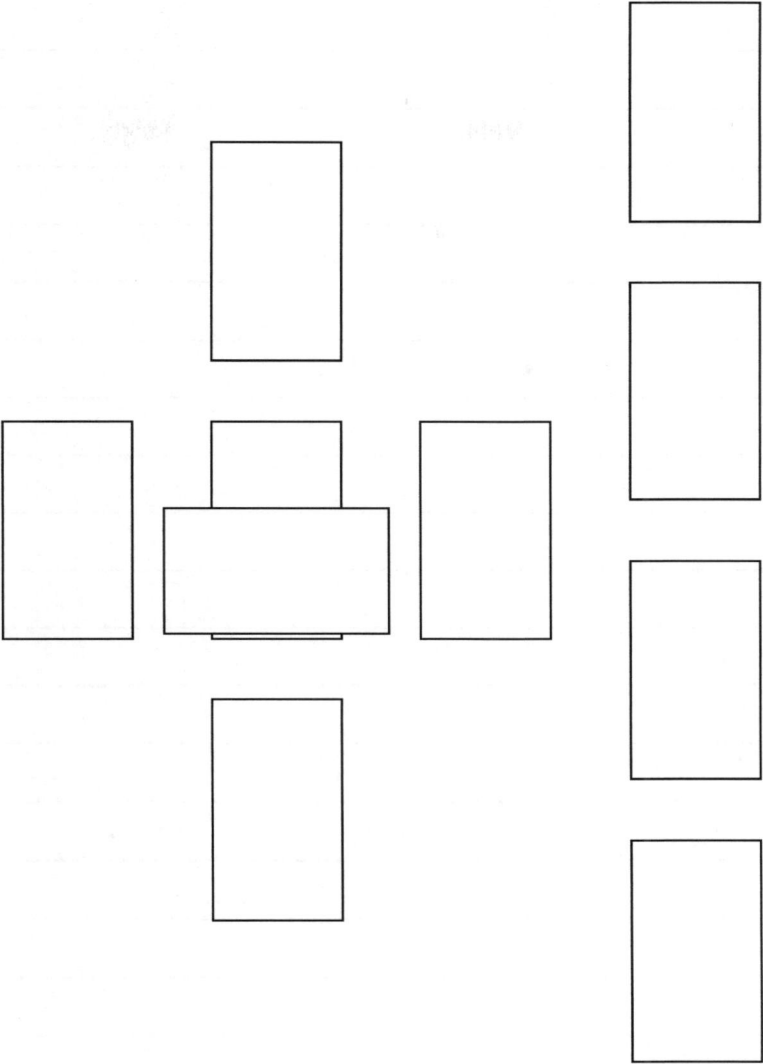

SIGNIFICATOR

DATE _____

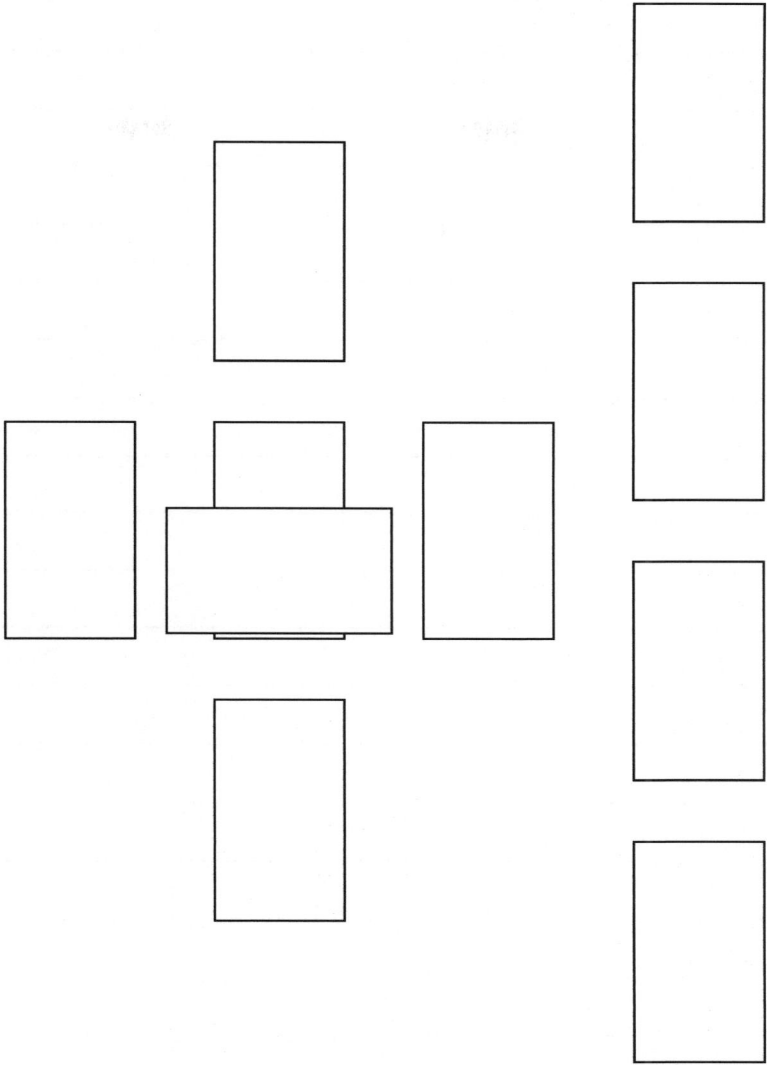

SIGNIFICATOR

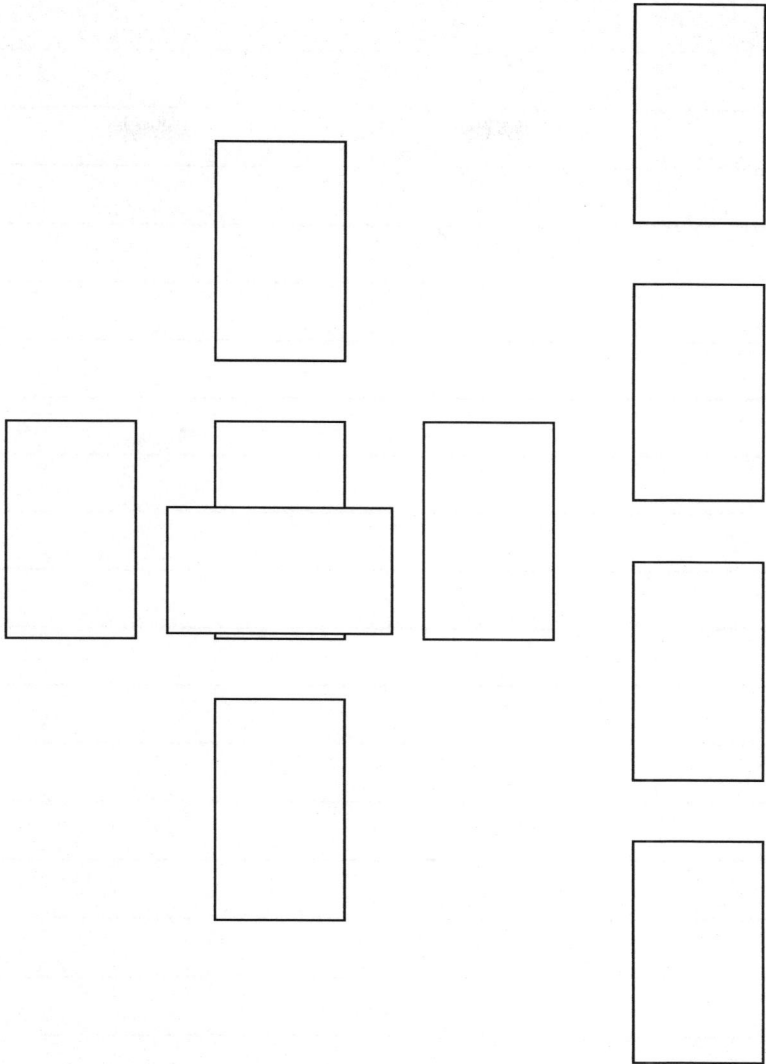

SIGNIFICATOR

DATE _____

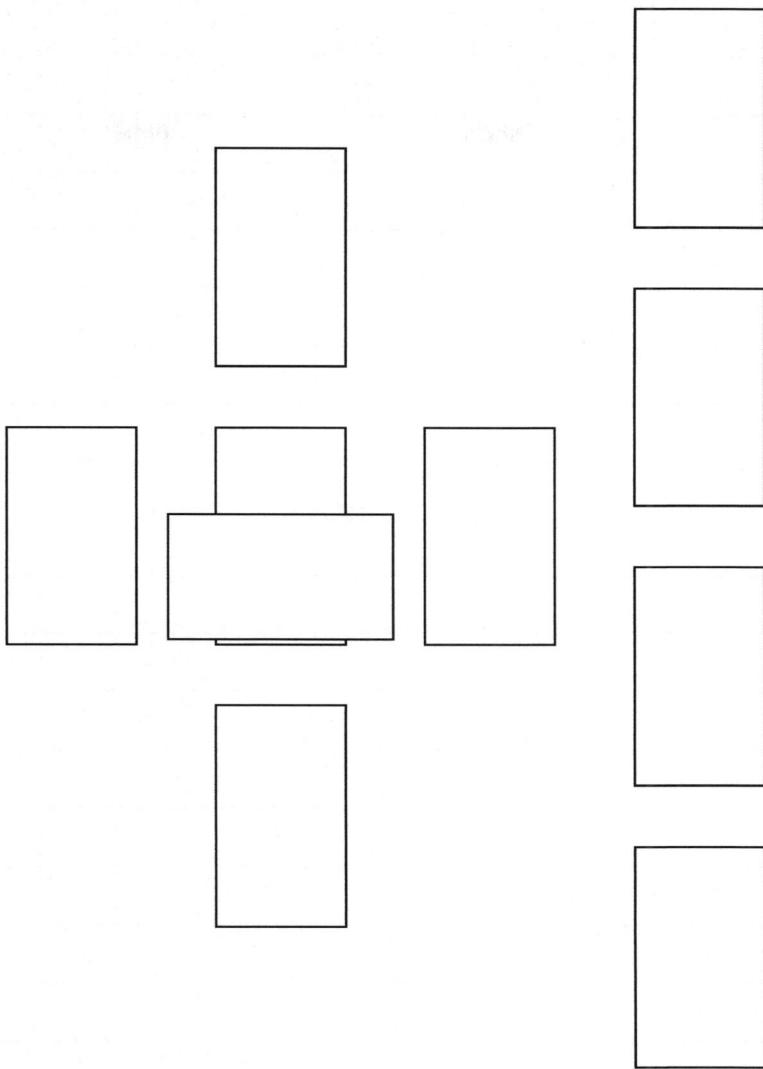

SIGNIFICATOR

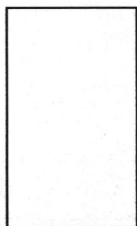

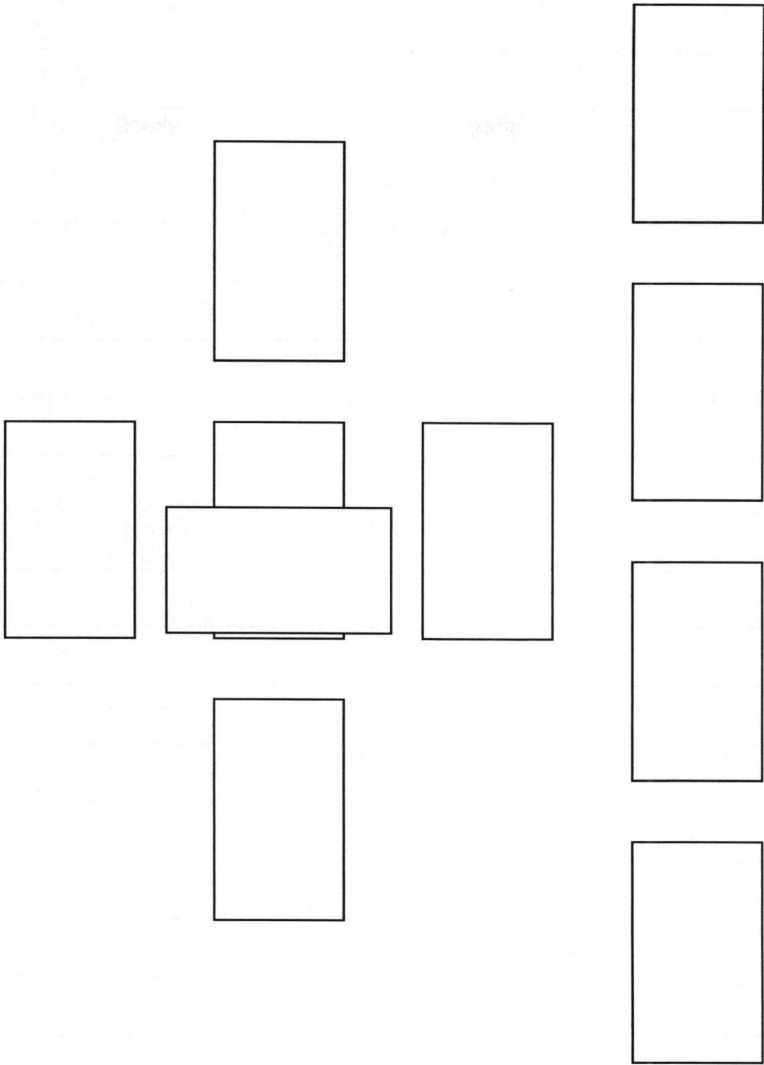

SIGNIFICATOR

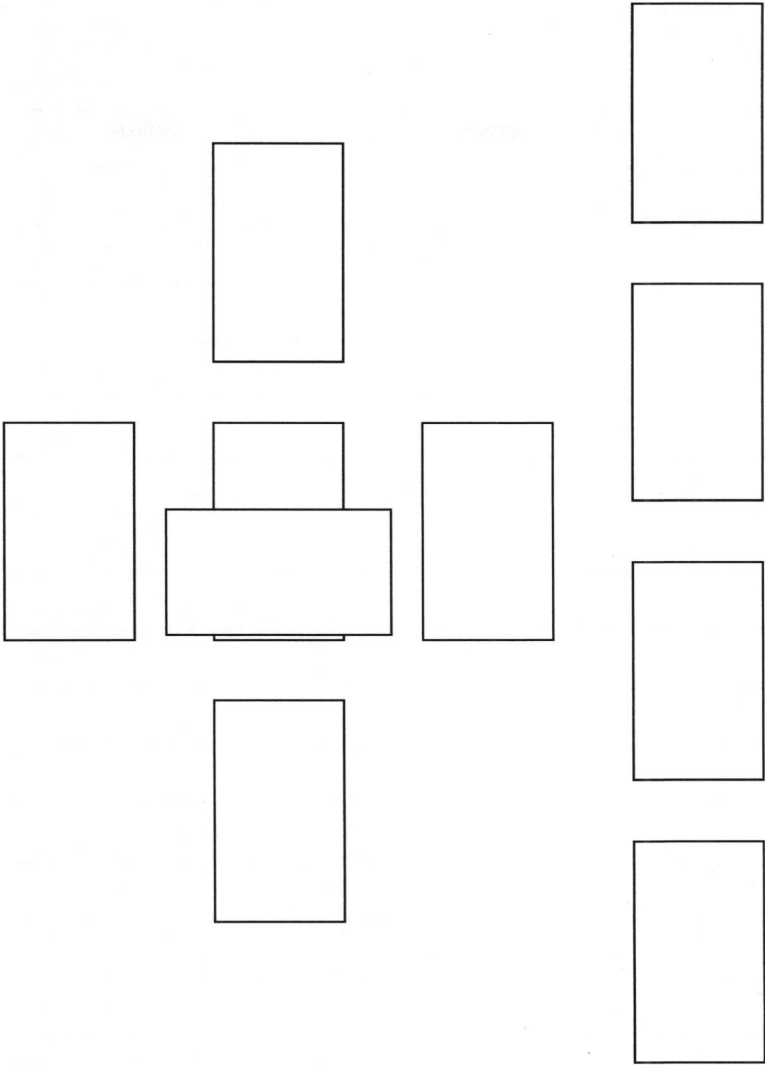

SIGNIFICATOR

DATE _____

_____

_____

_____

_____

_____

_____

_____

_____

_____

_____

_____

_____

_____

_____

_____

_____

_____

_____

_____

_____

_____

_____

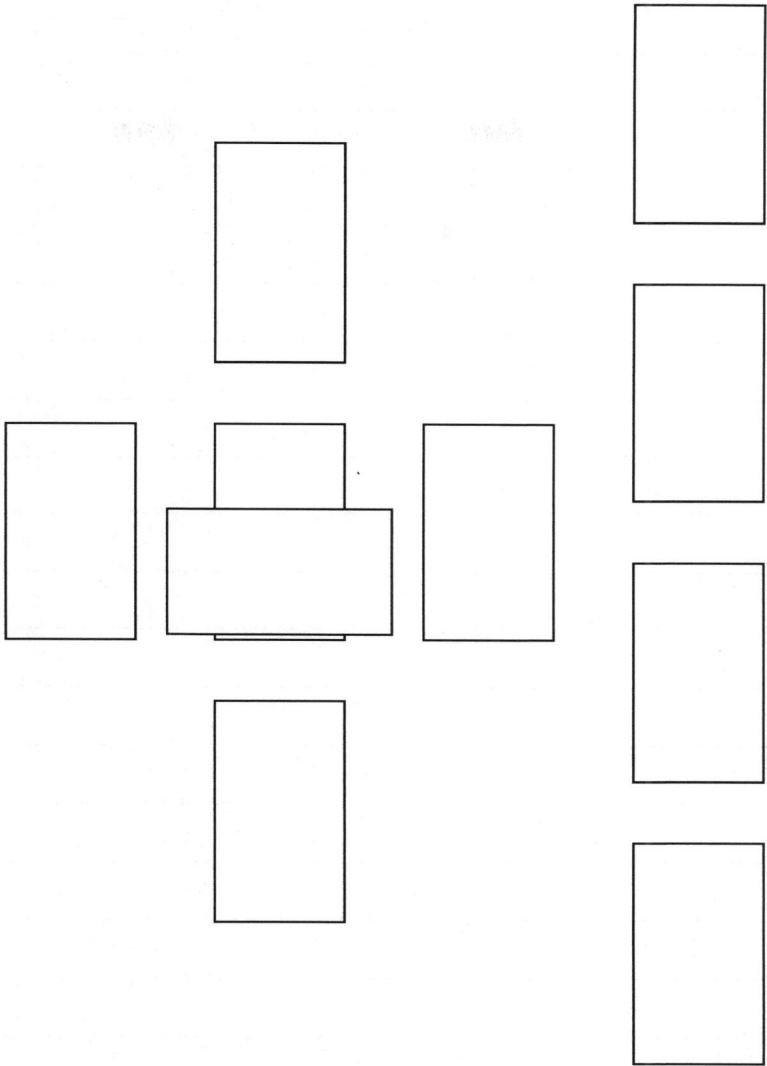

SIGNIFICATOR

DATE _____

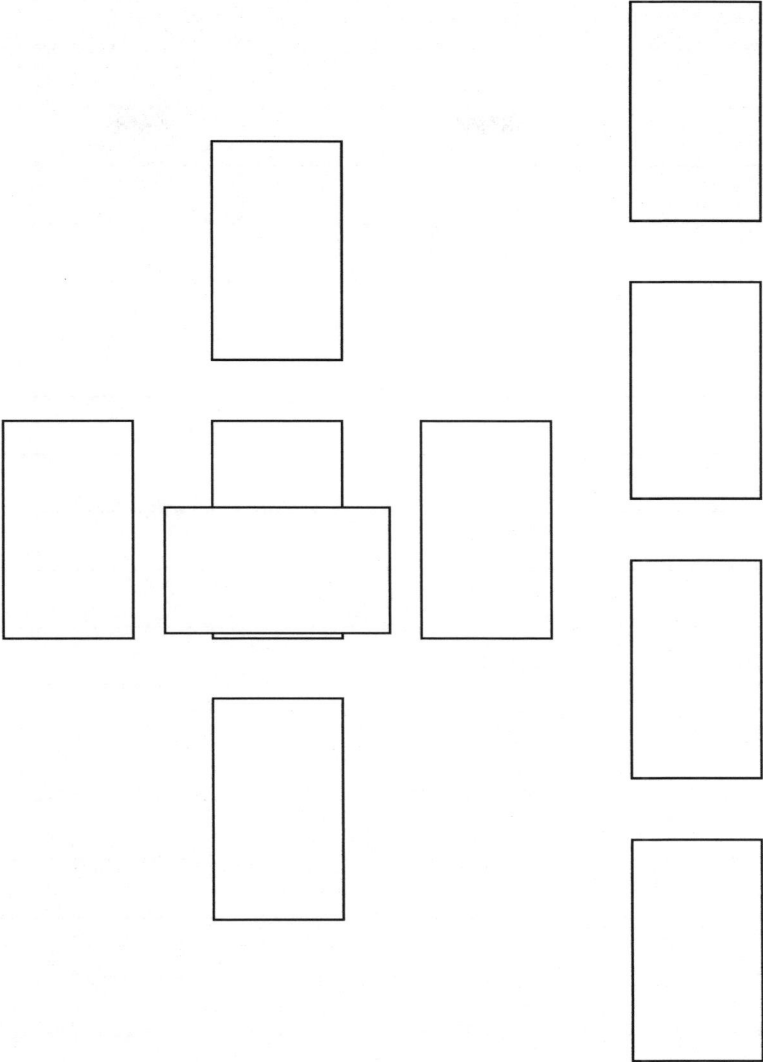

SIGNIFICATOR

DATE _____

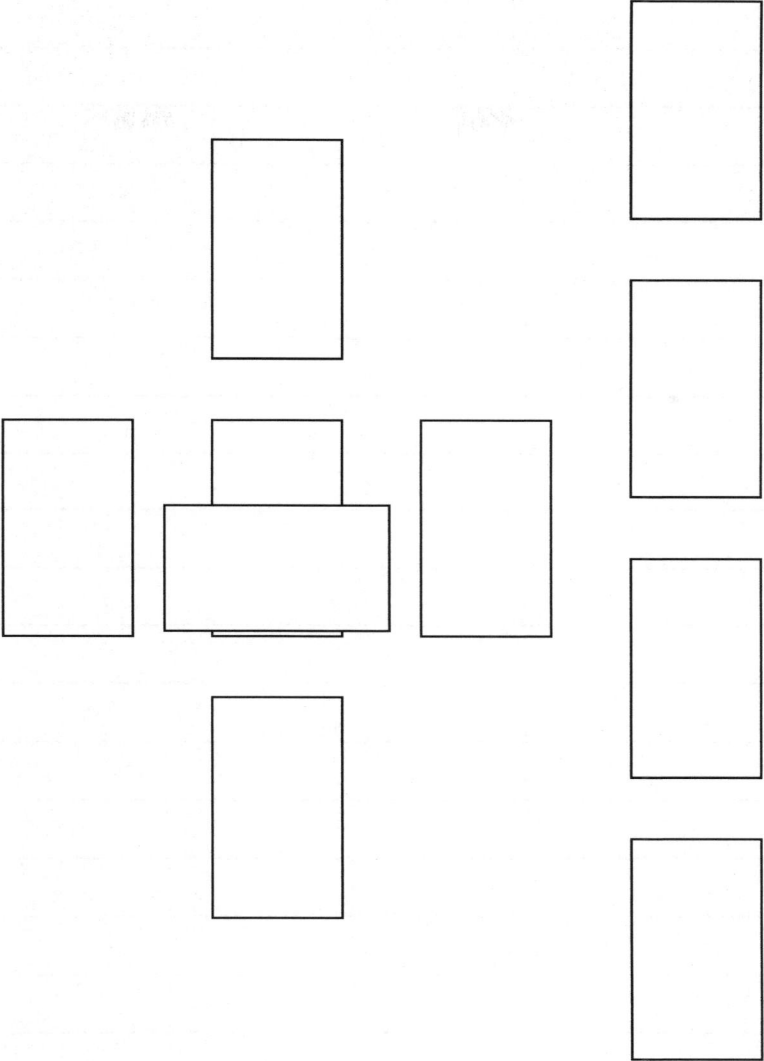

SIGNIFICATOR

DATE _____

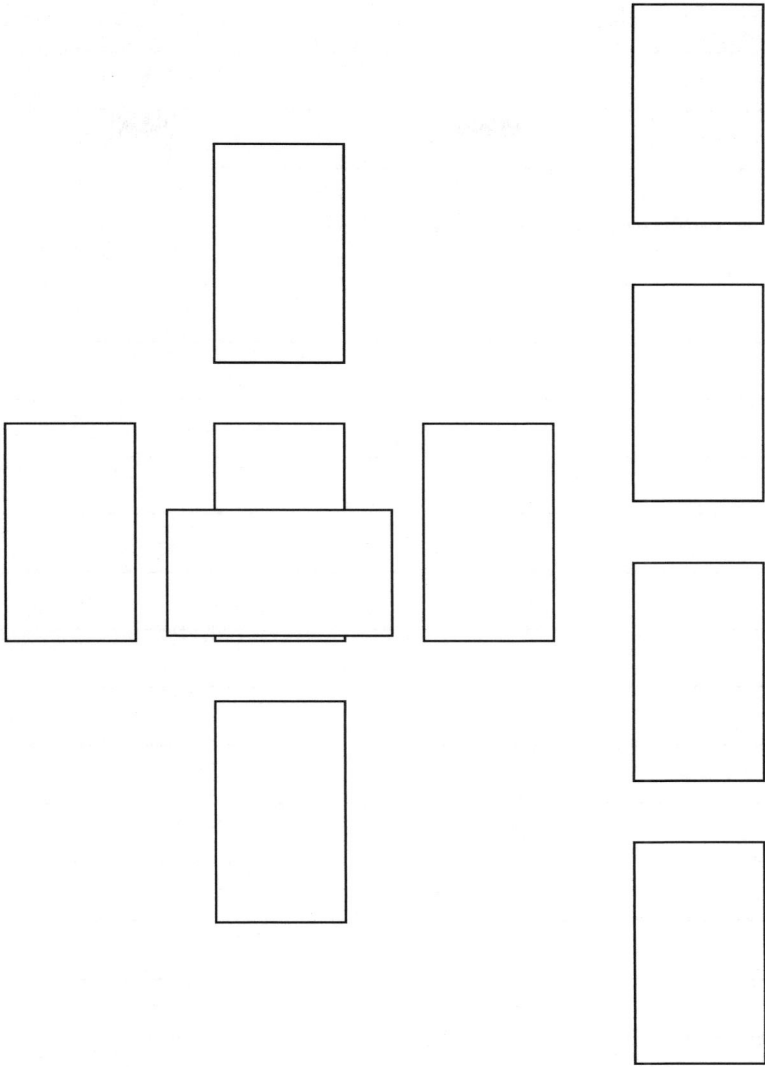

SIGNIFICATOR

DATE _____

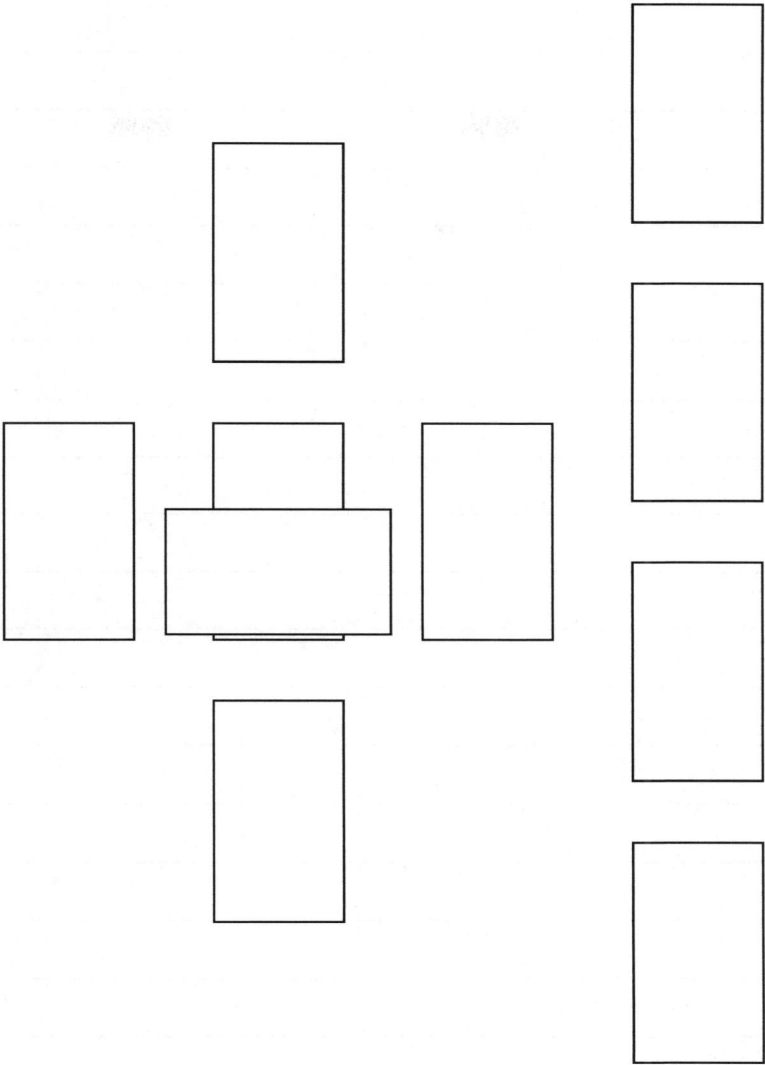

SIGNIFICATOR

DATE _____

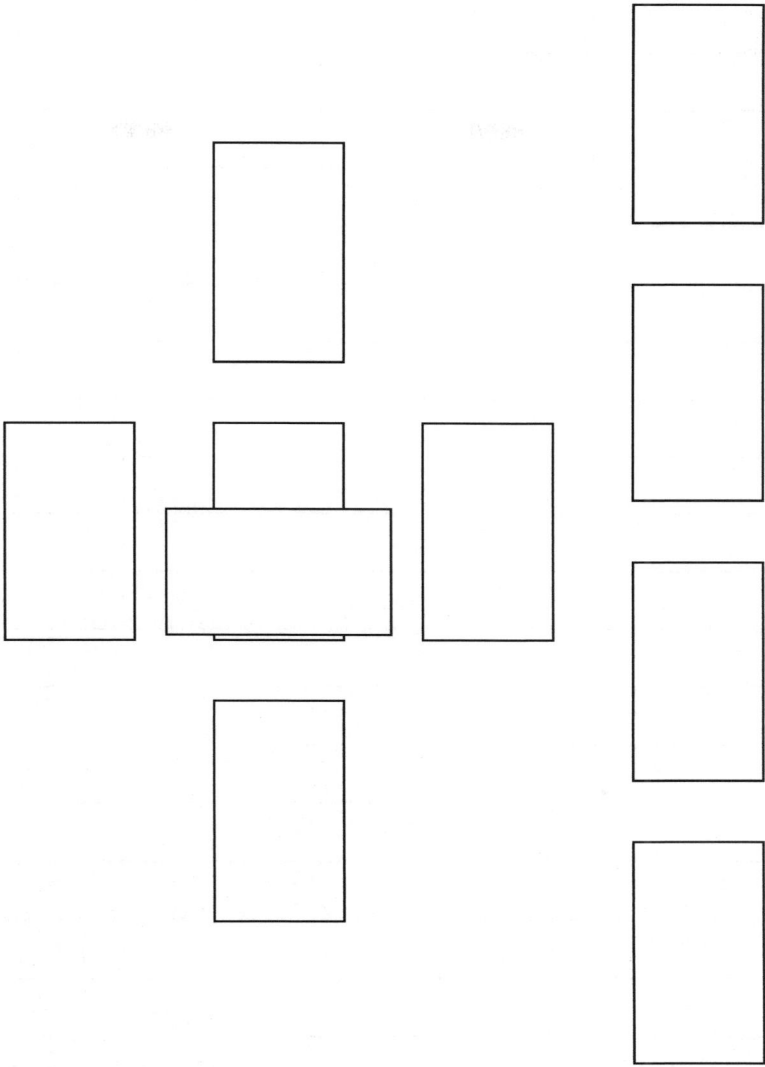

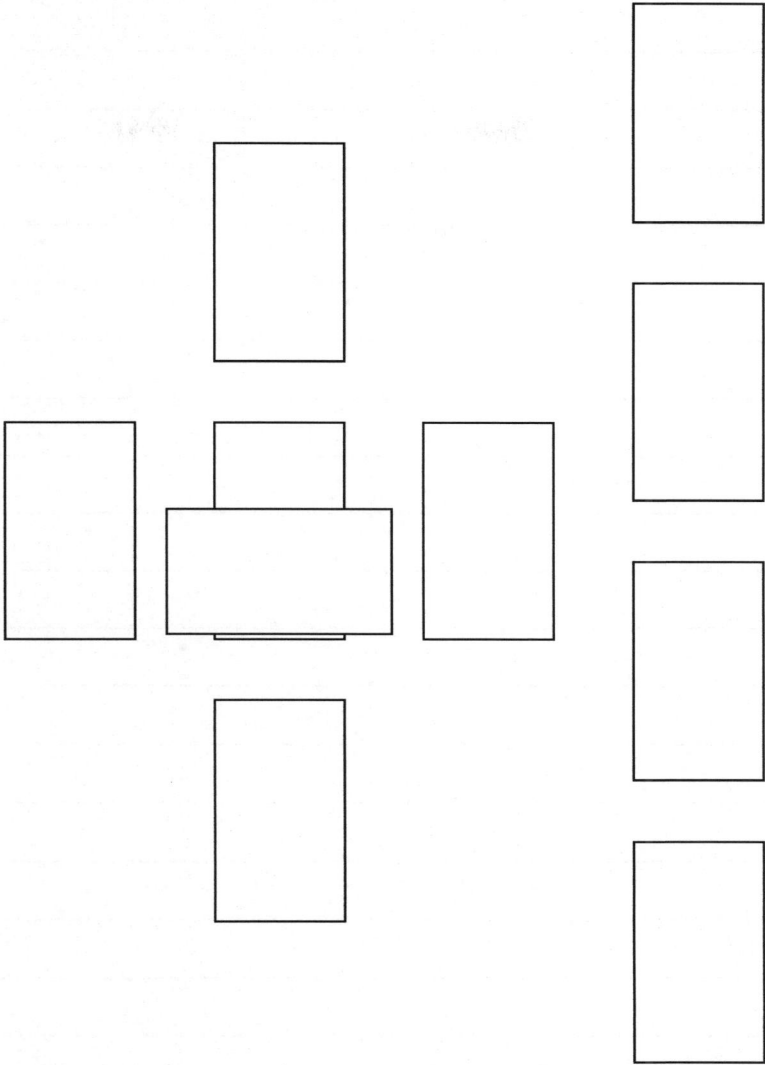

SIGNIFICATOR

DATE _____

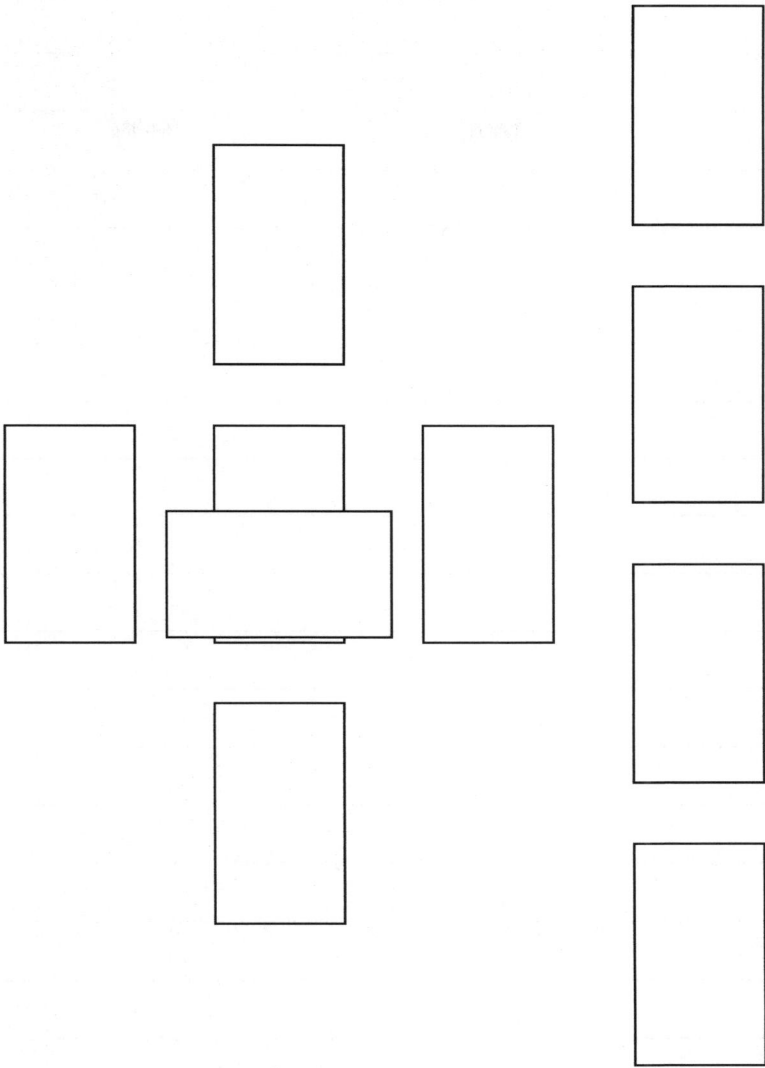

SIGNIFICATOR

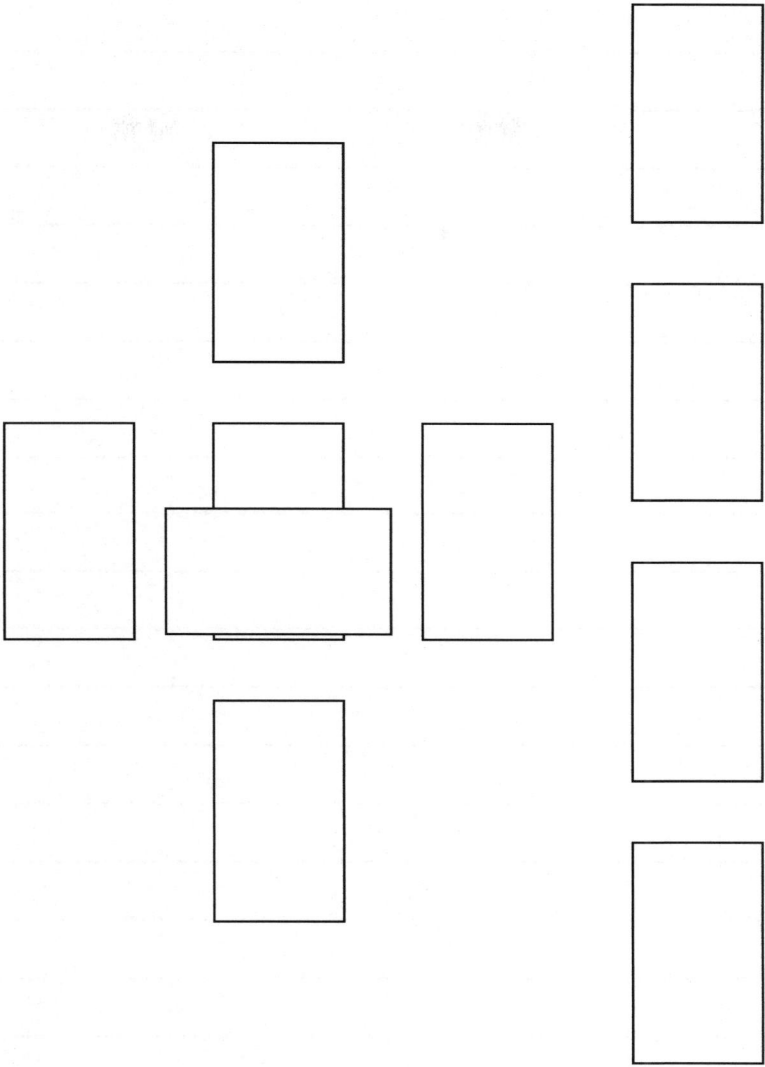

SIGNIFICATOR

DATE _____

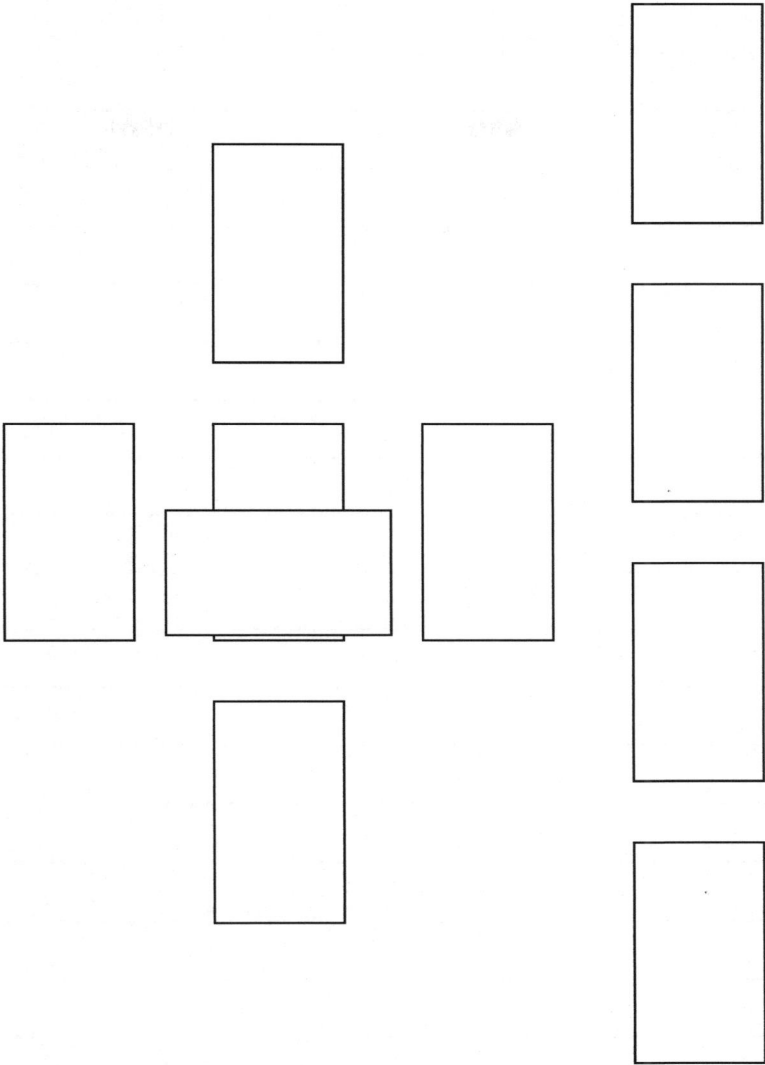

DATE _____

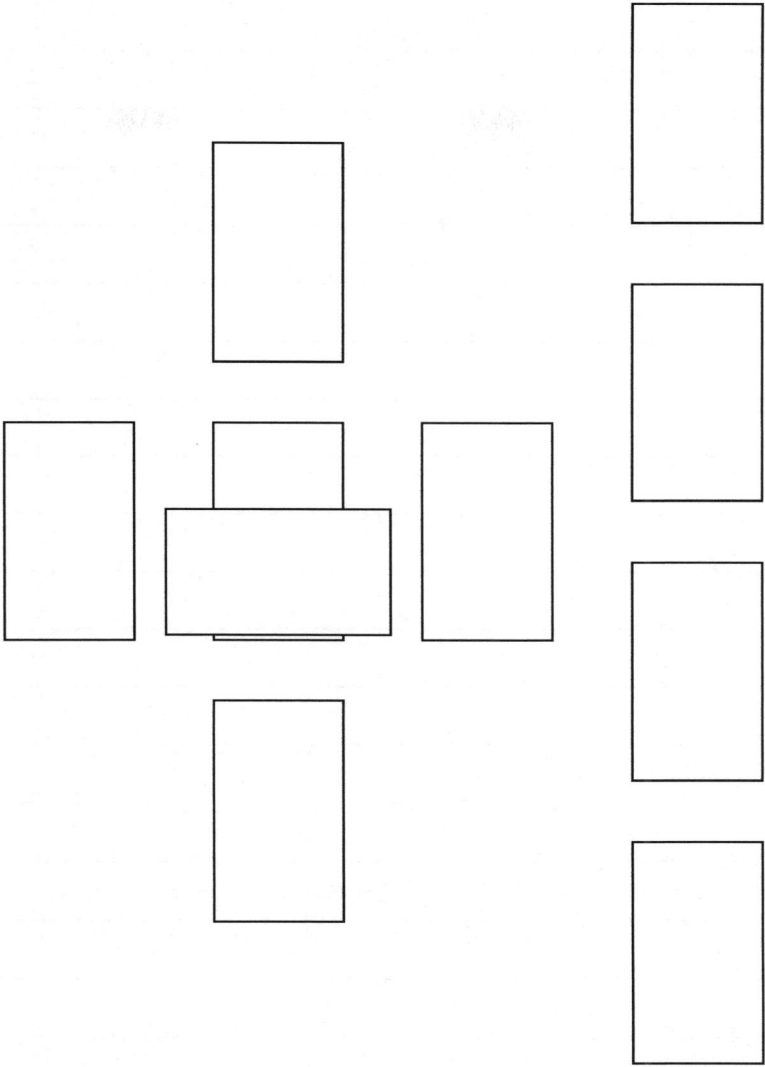

SIGNIFICATOR

DATE _____

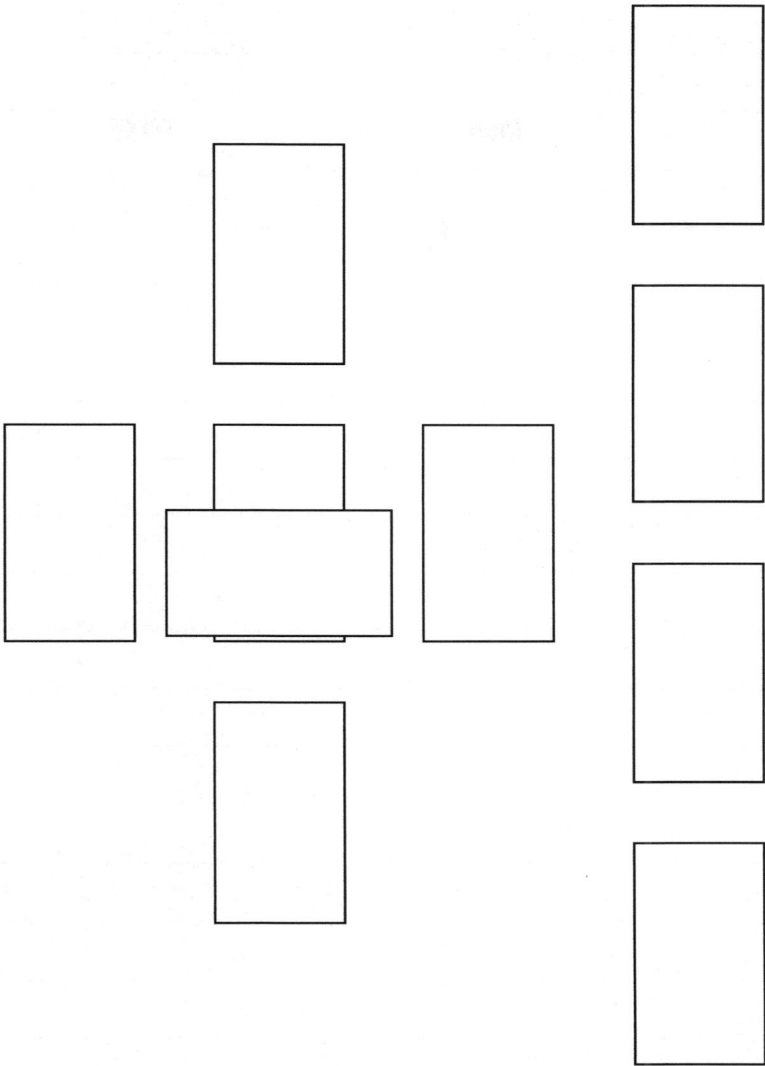

SIGNIFICATOR

DATE _____

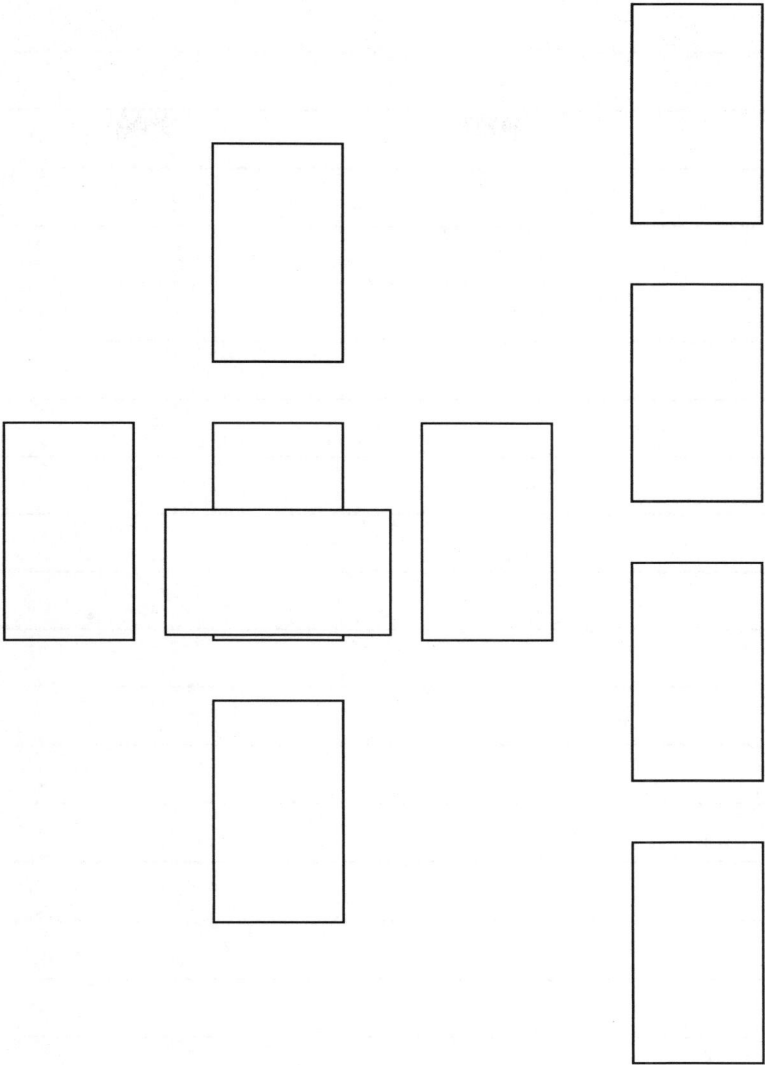

SIGNIFICATOR

DATE _____

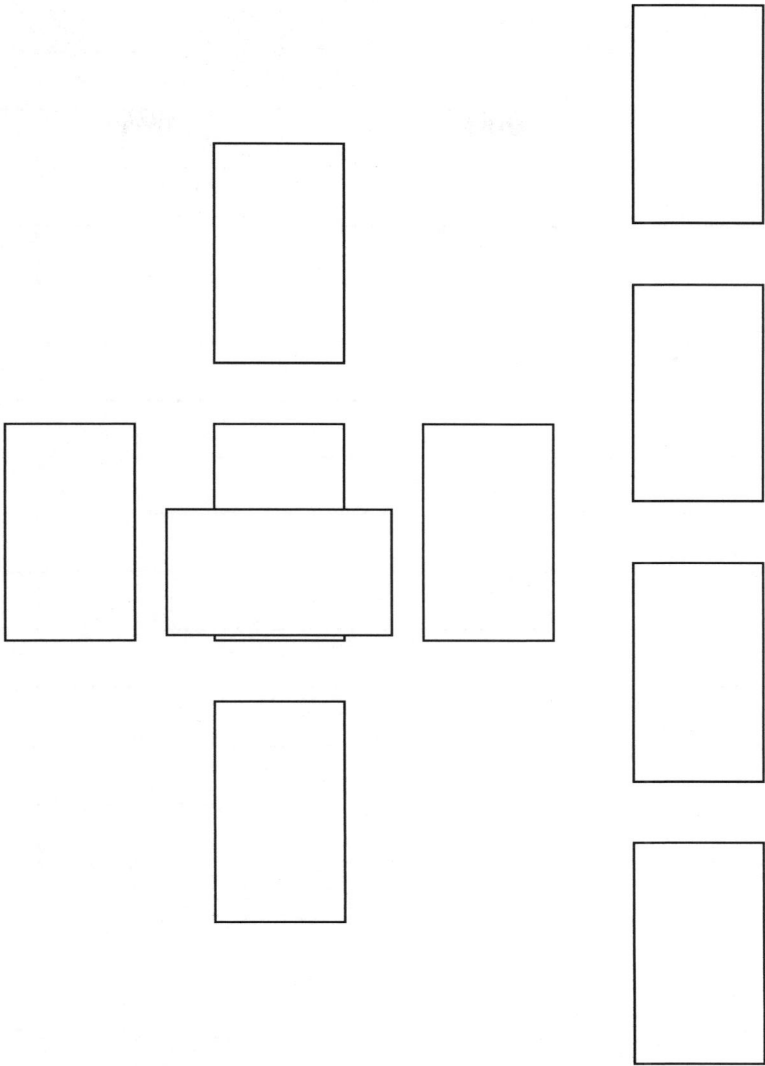

SIGNIFICATOR

DATE _____

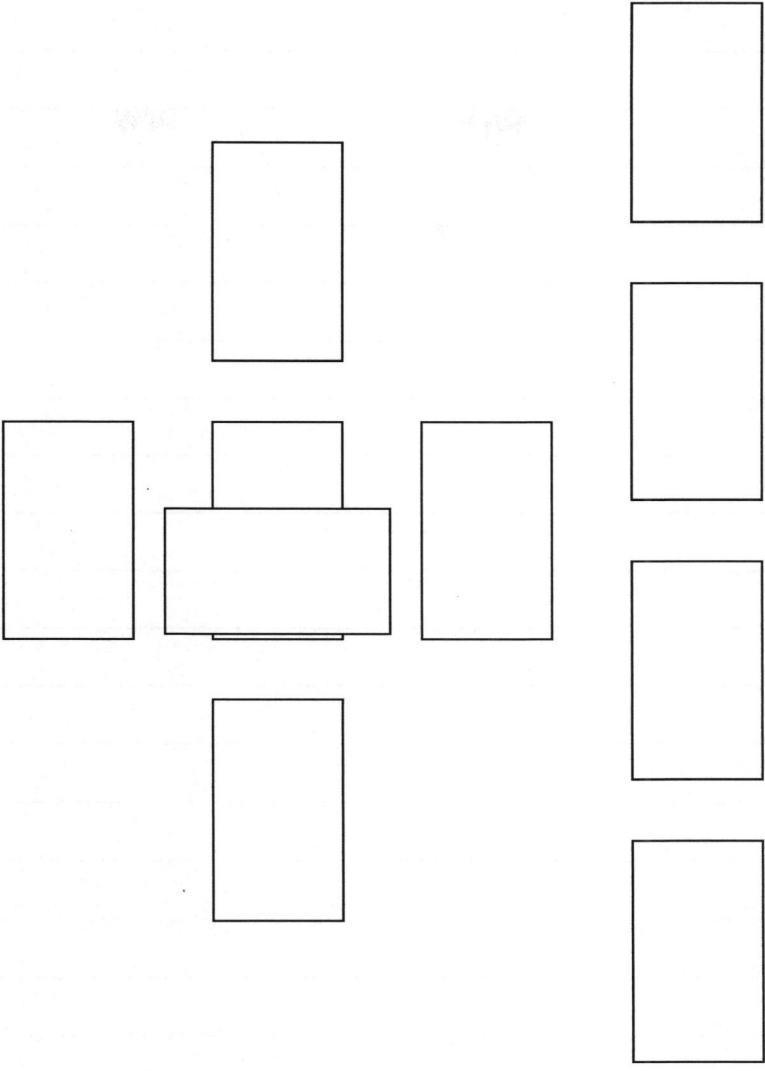

SIGNIFICATOR

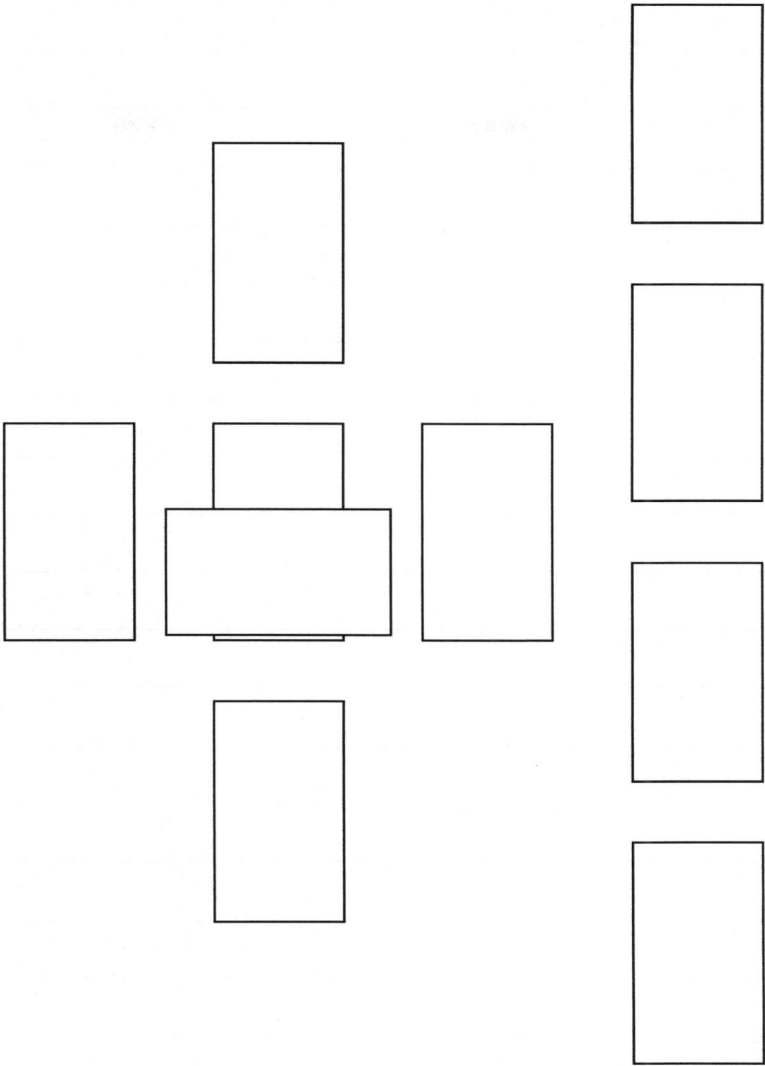

SIGNIFICATOR

DATE _____

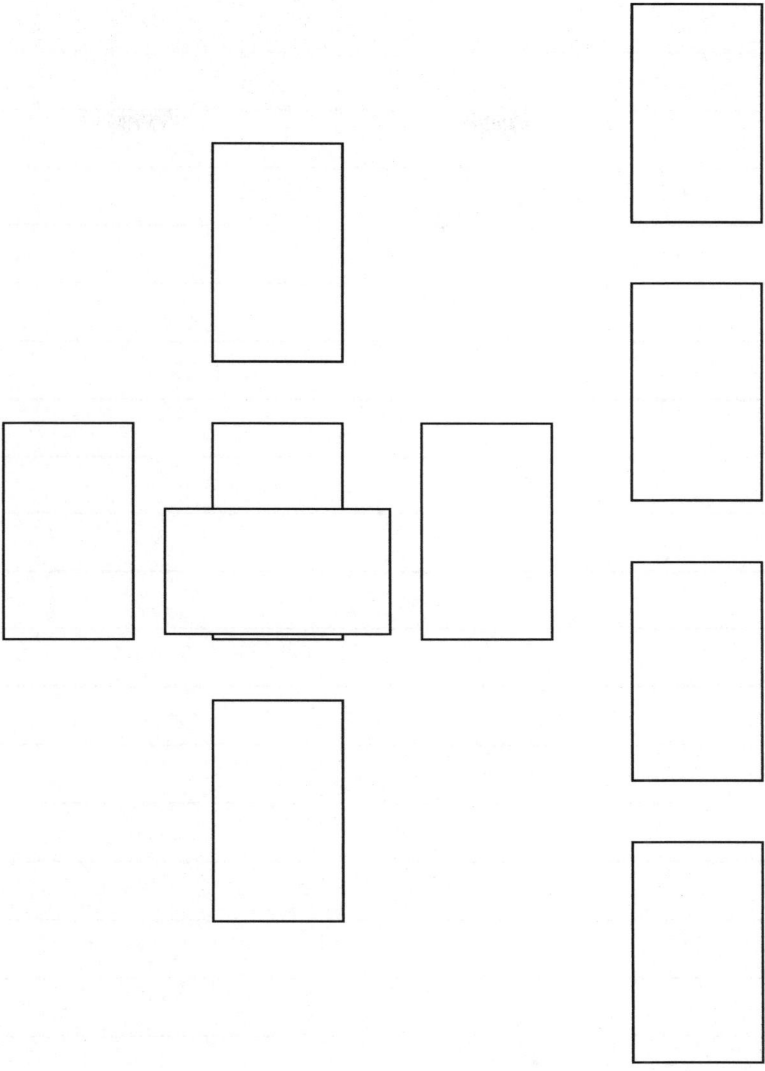

SIGNIFICATOR

DATE _____

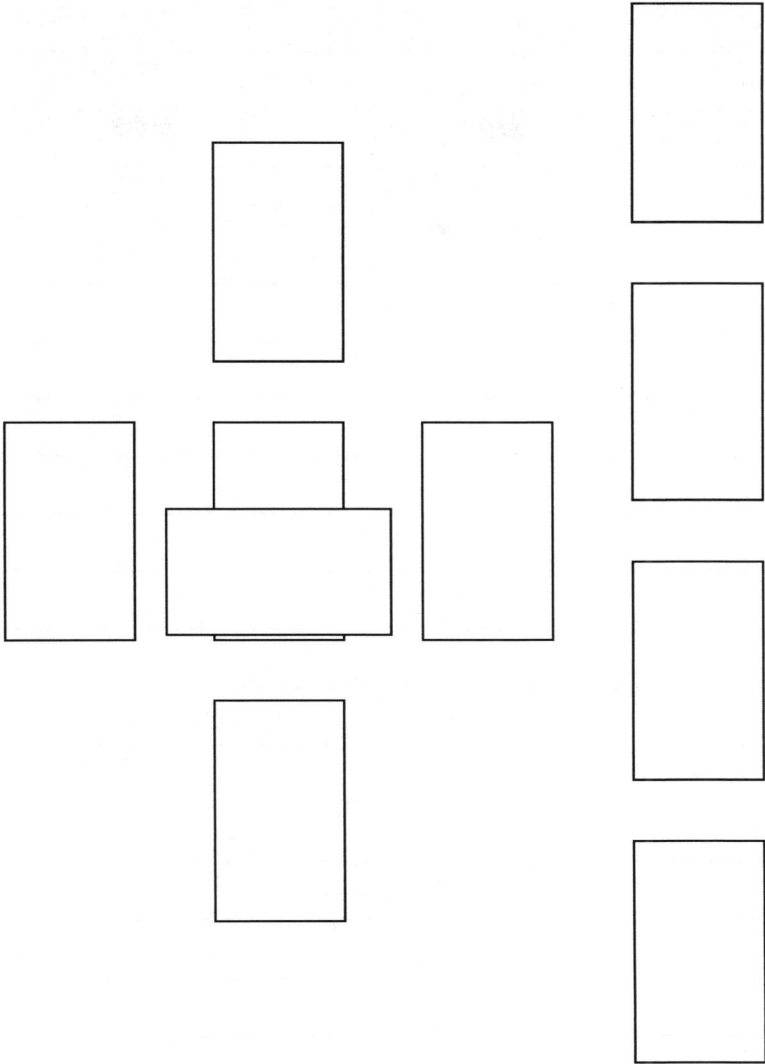

SIGNIFICATOR

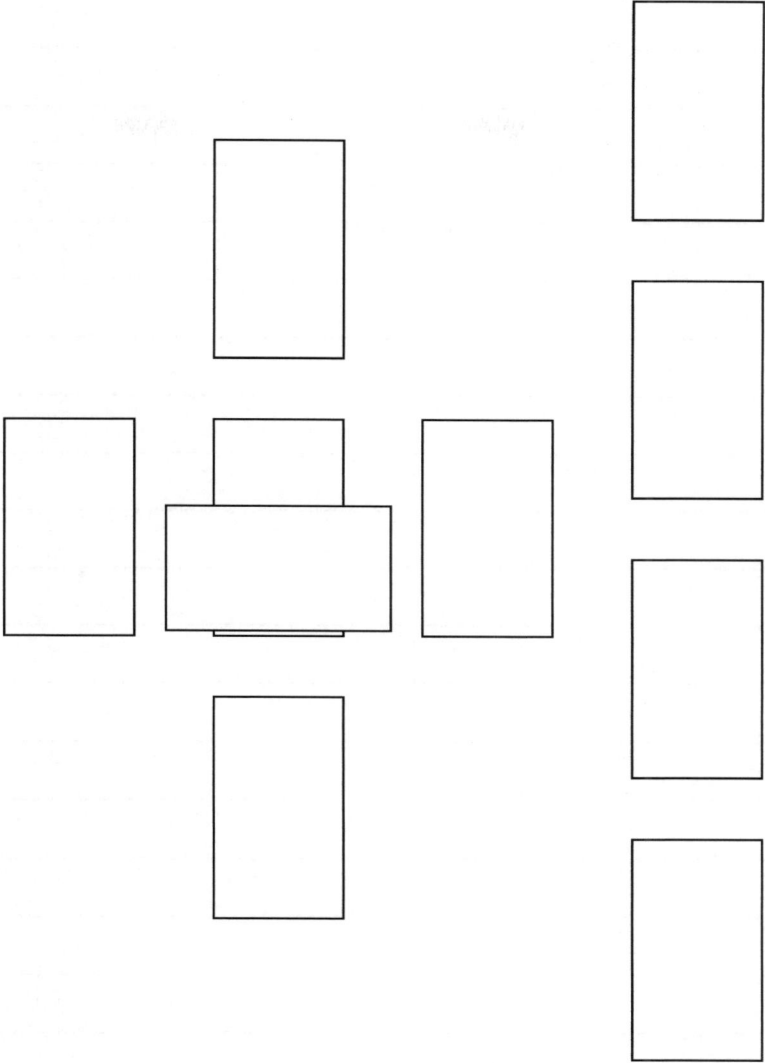

DATE _____

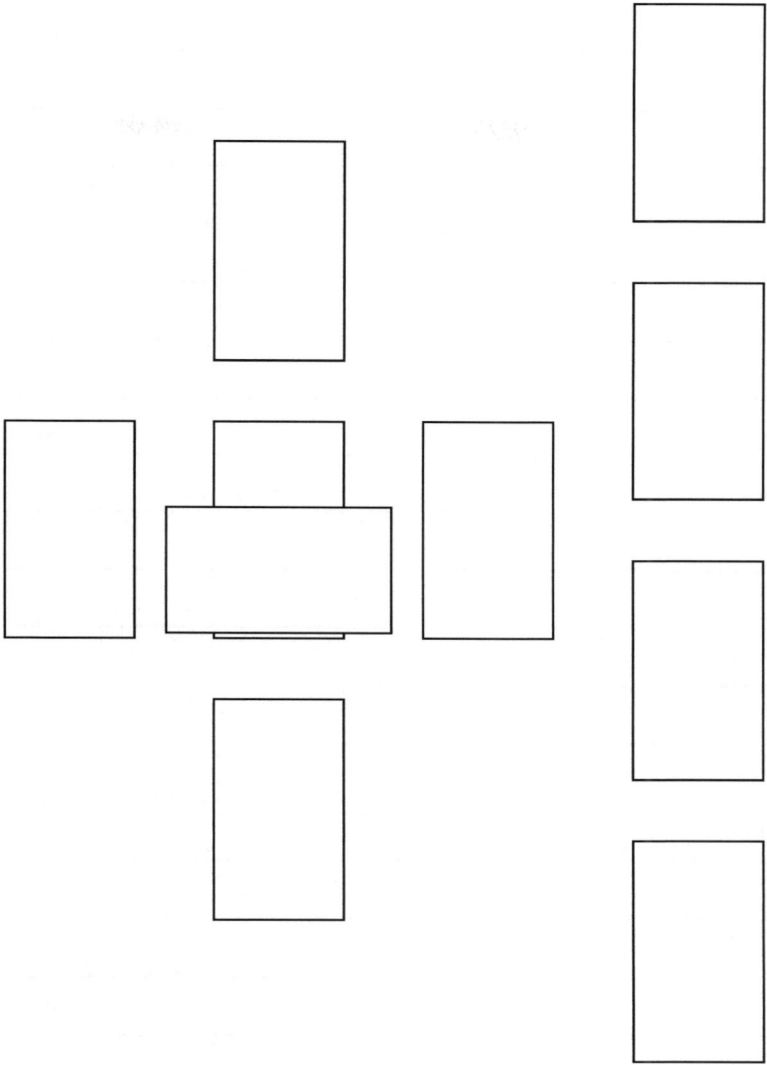

SIGNIFICATOR

DATE _____

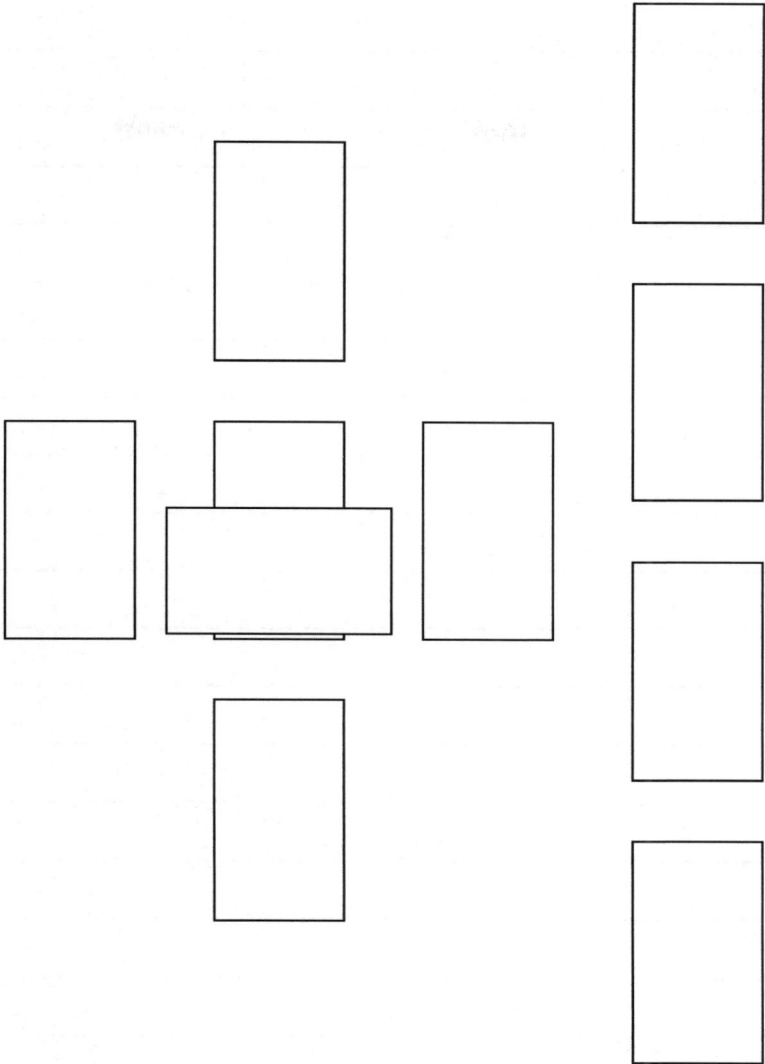

SIGNIFICATOR

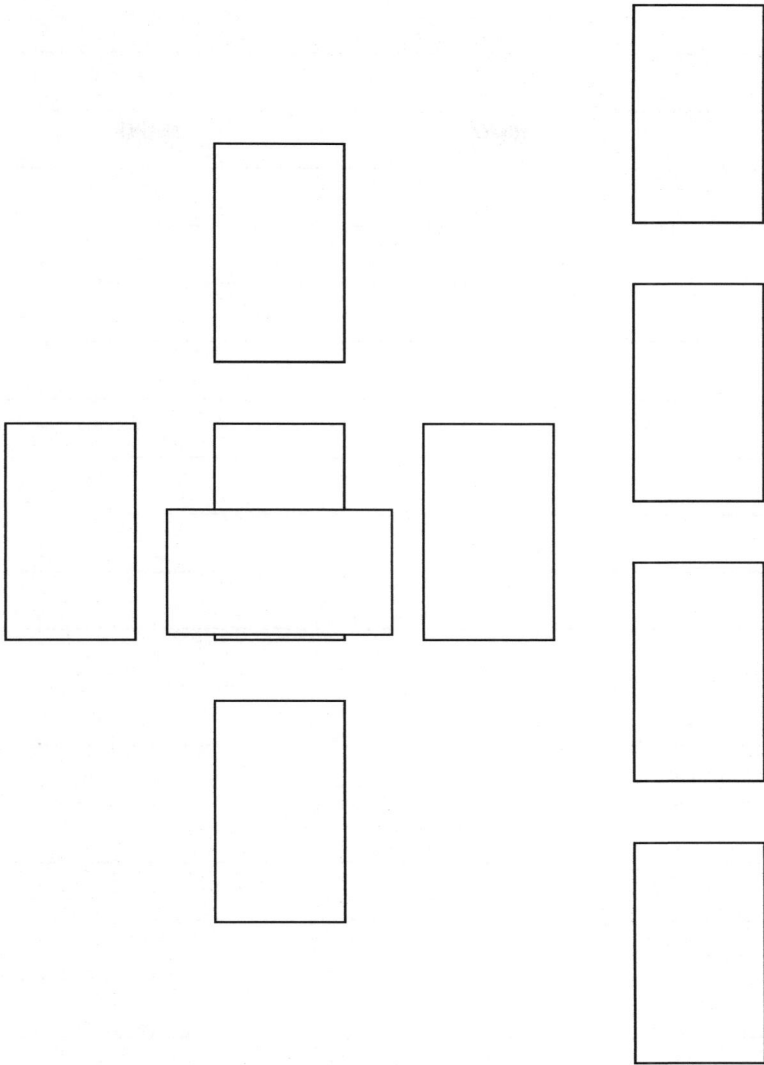

SIGNIFICATOR

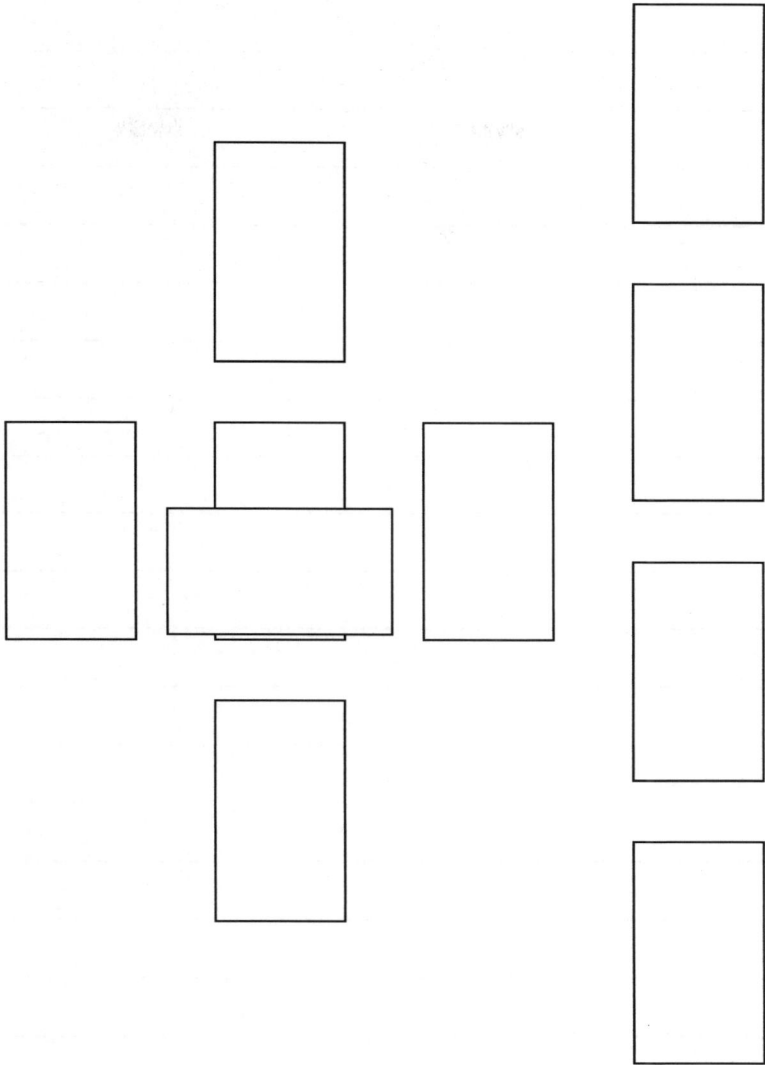

SIGNIFICATOR

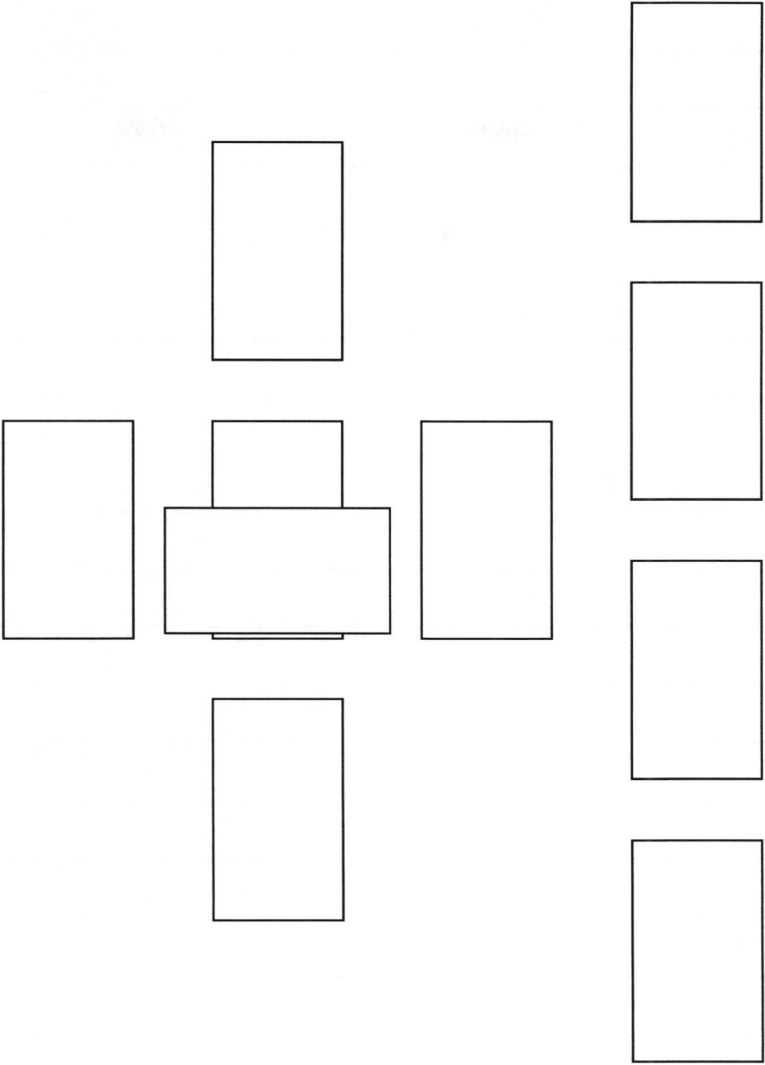

DATE _____

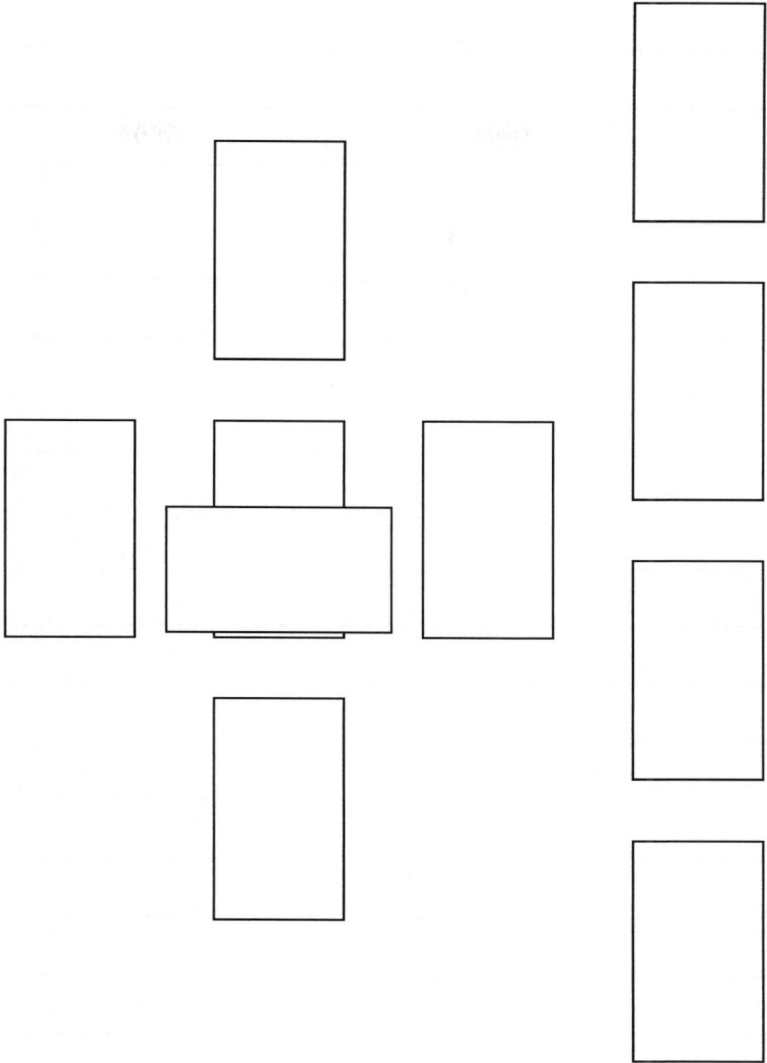

SIGNIFICATOR

DATE _____

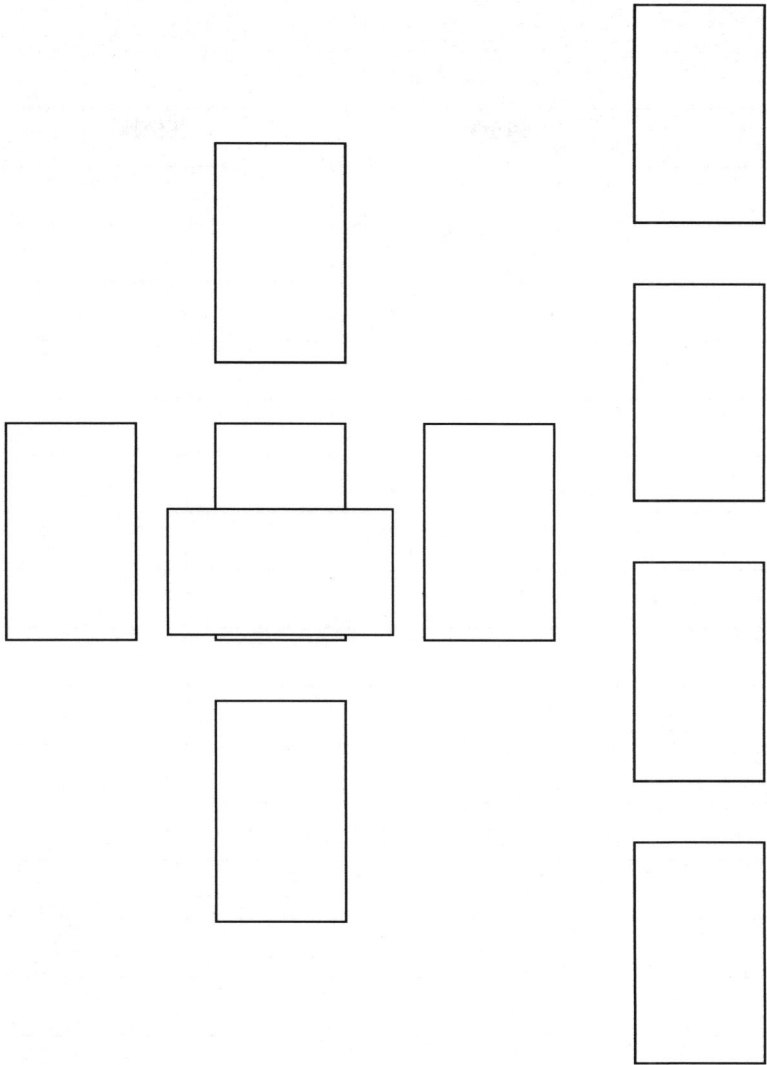

SIGNIFICATOR

DATE _____

SIGNIFICATOR

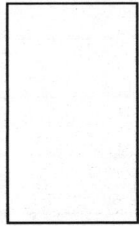

DATE _____

SIGNIFICATOR

DATE _____

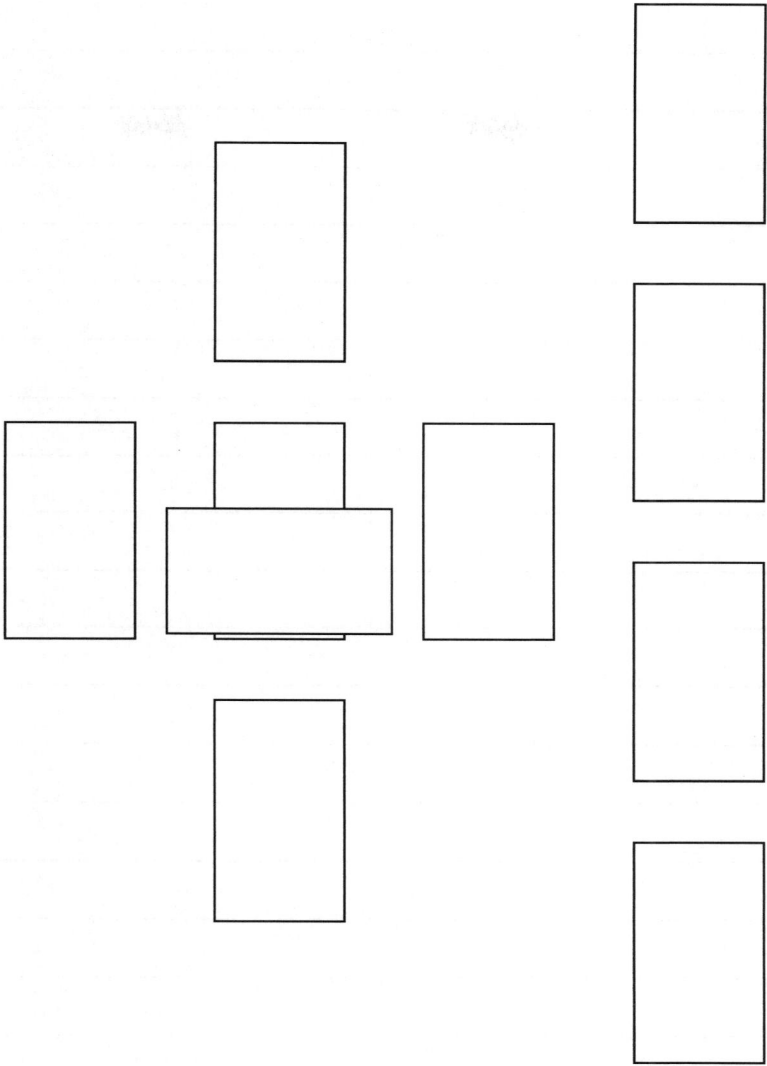

SIGNIFICATOR

DATE _____

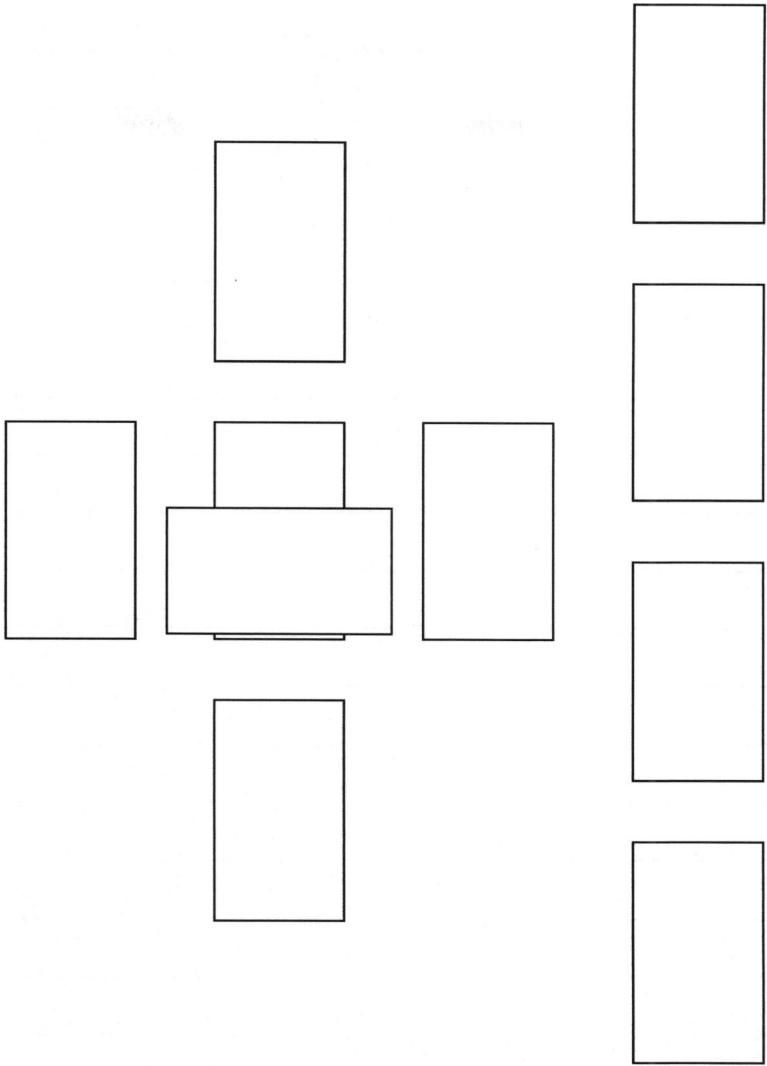

SIGNIFICATOR

DATE _____

SIGNIFICATOR

DATE _____

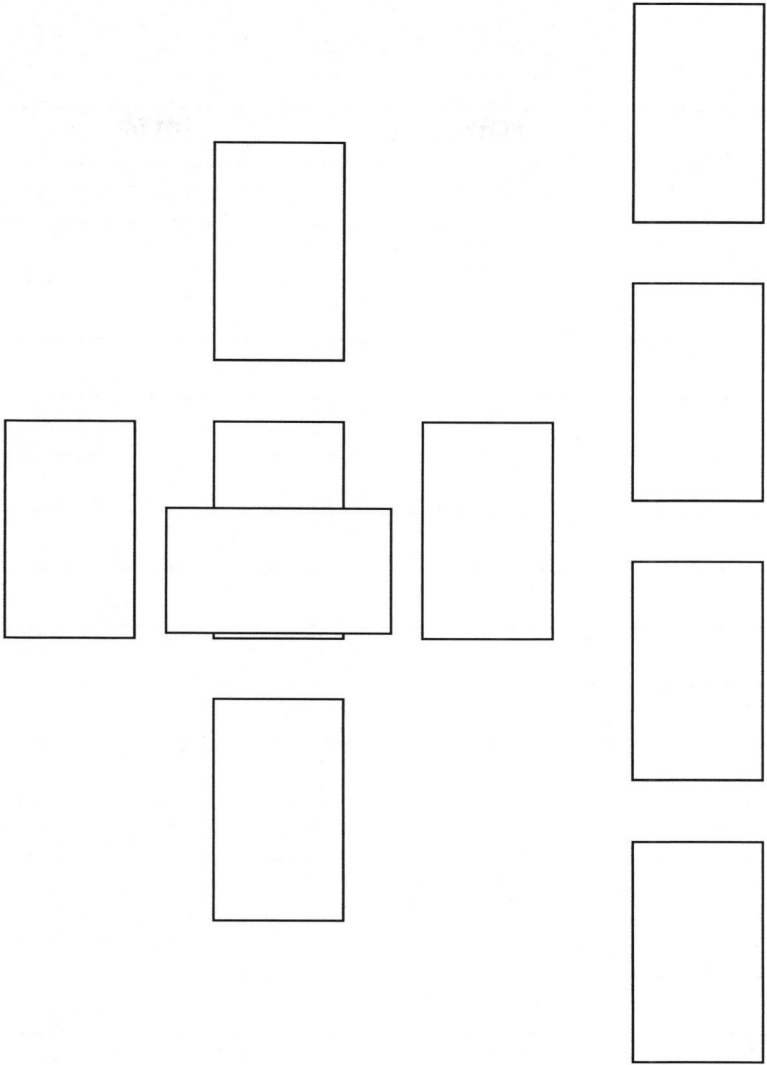

SIGNIFICATOR

DATE _____

SIGNIFICATOR

DATE

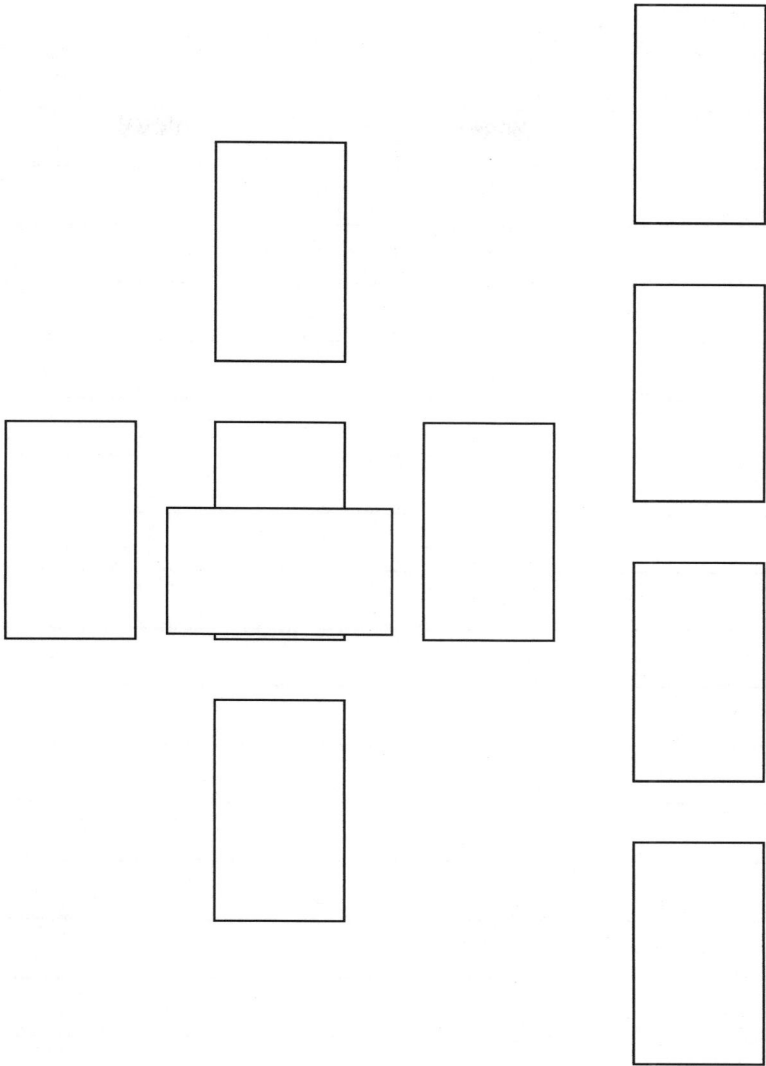

SIGNIFICATOR

DATE _____

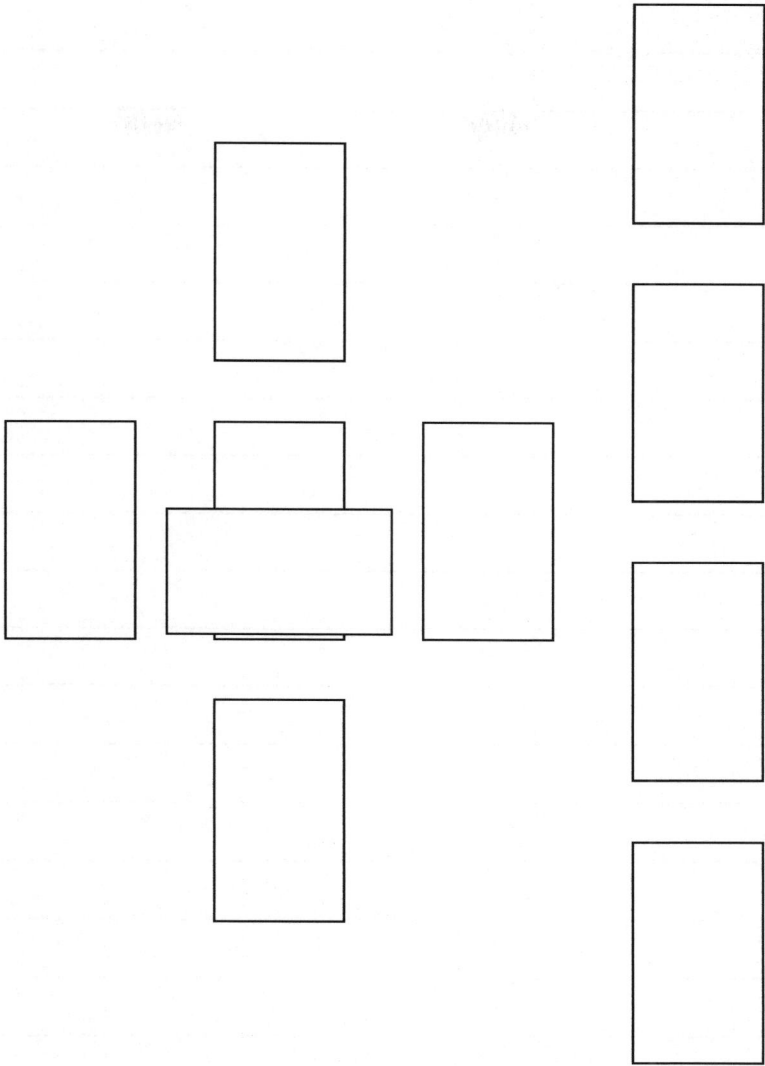

SIGNIFICATOR

DATE _____

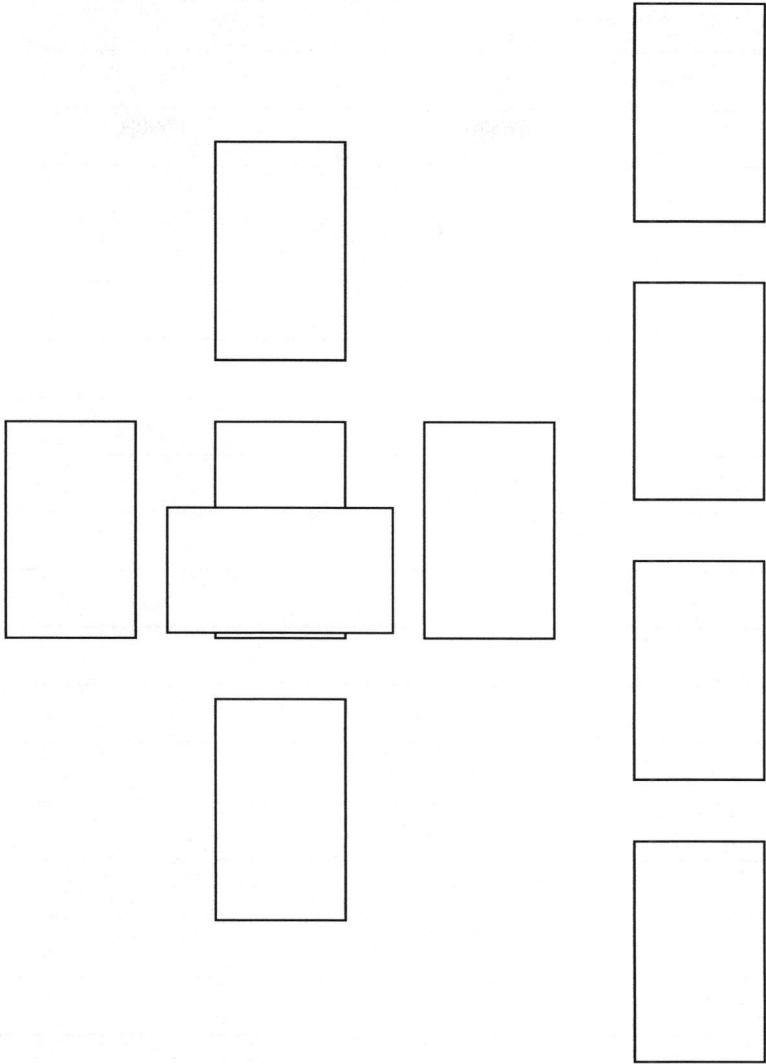

SIGNIFICATOR

DATE _____

SIGNIFICATOR

DATE _____

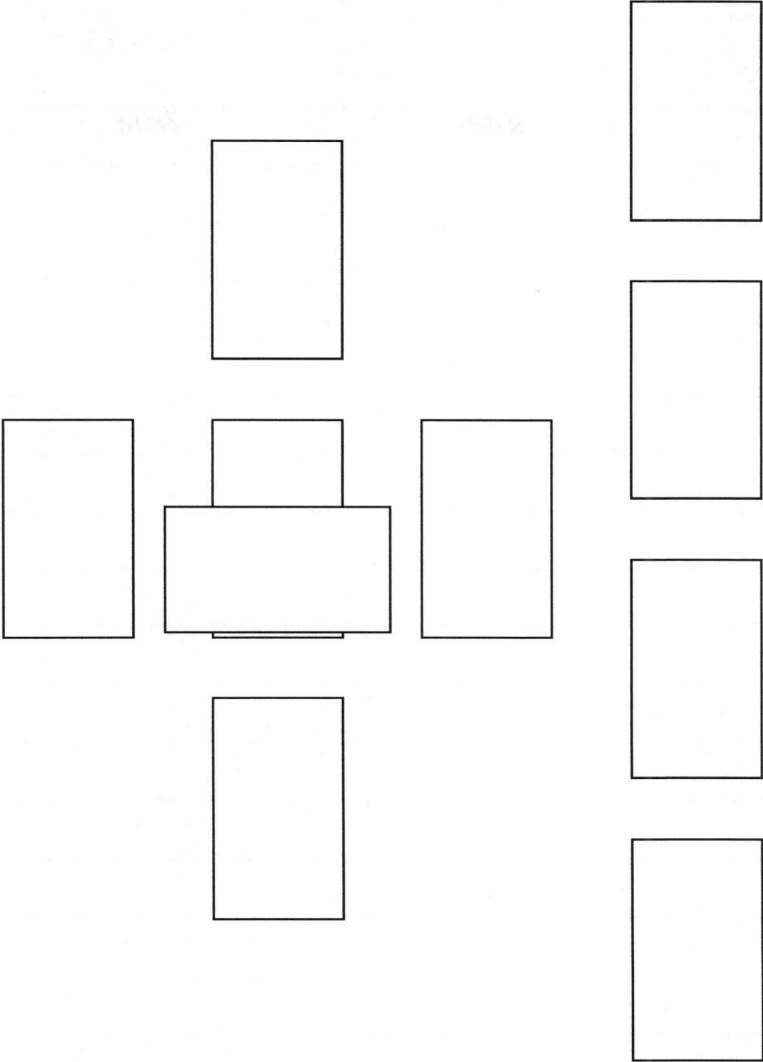

SIGNIFICATOR

DATE _____

SIGNIFICATOR

DATE _____

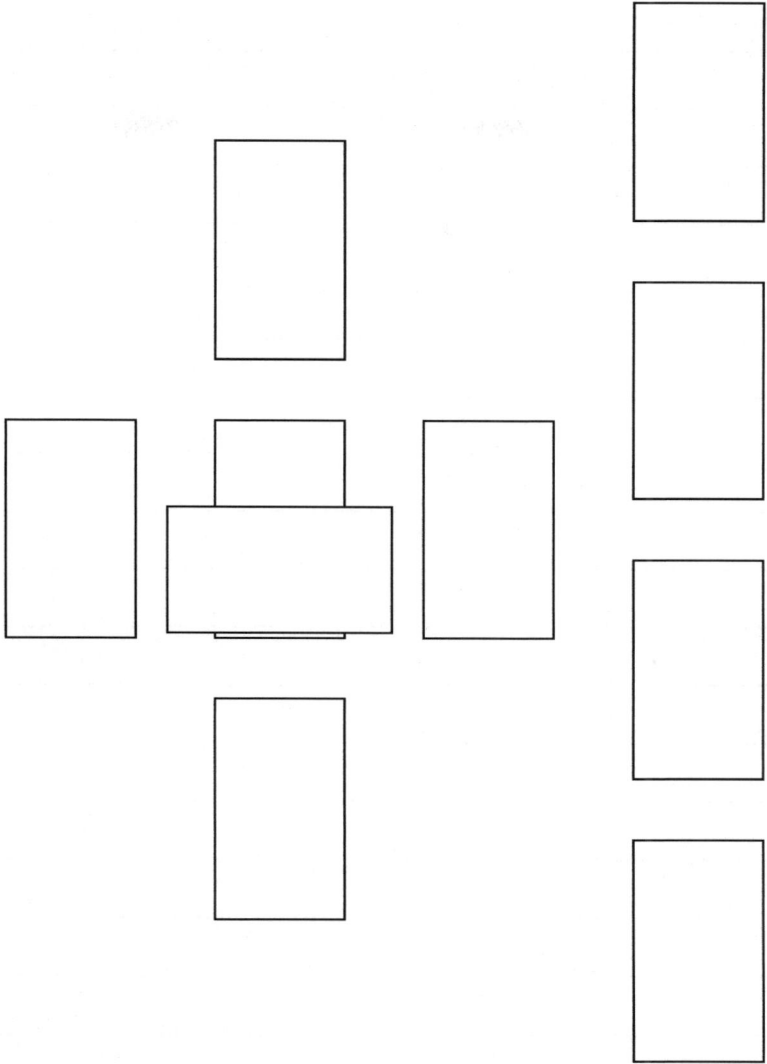

DATE _____

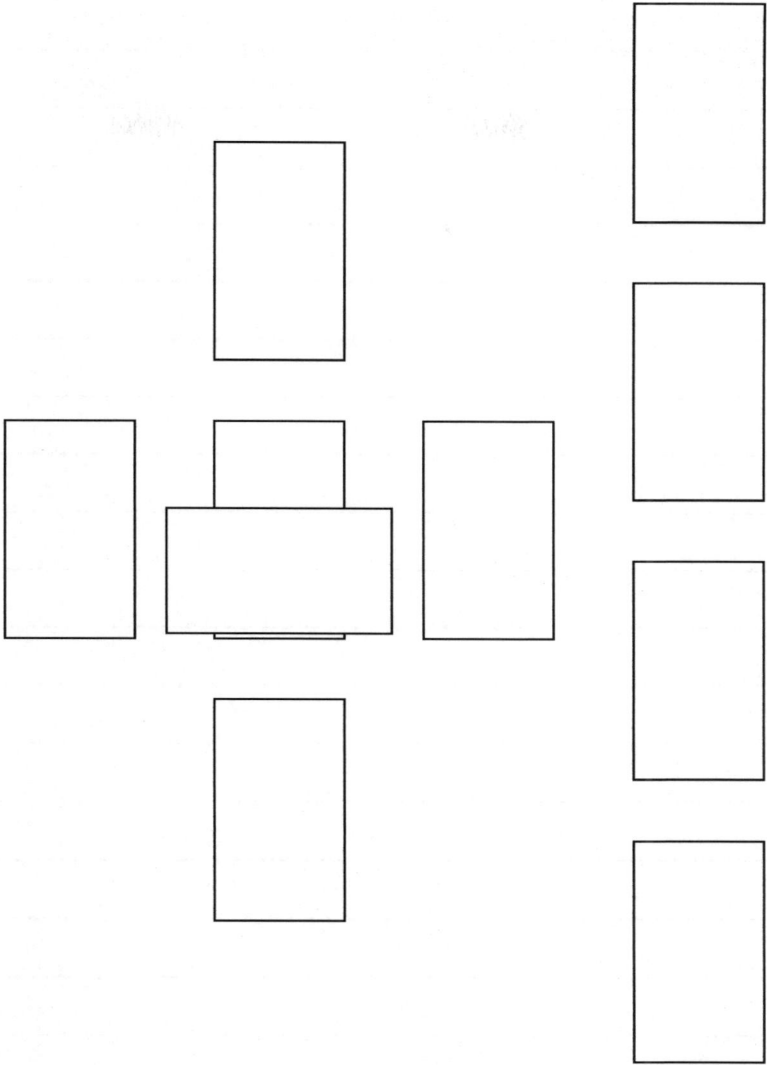

SIGNIFICATOR

DATE

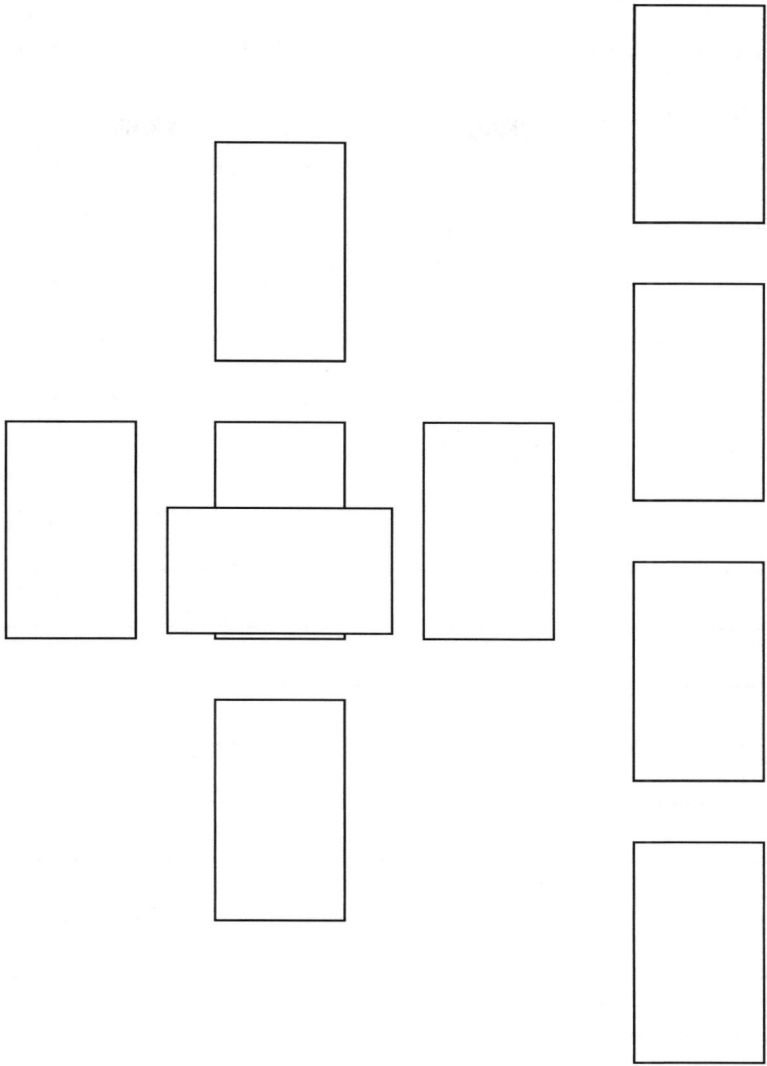

SIGNIFICATOR

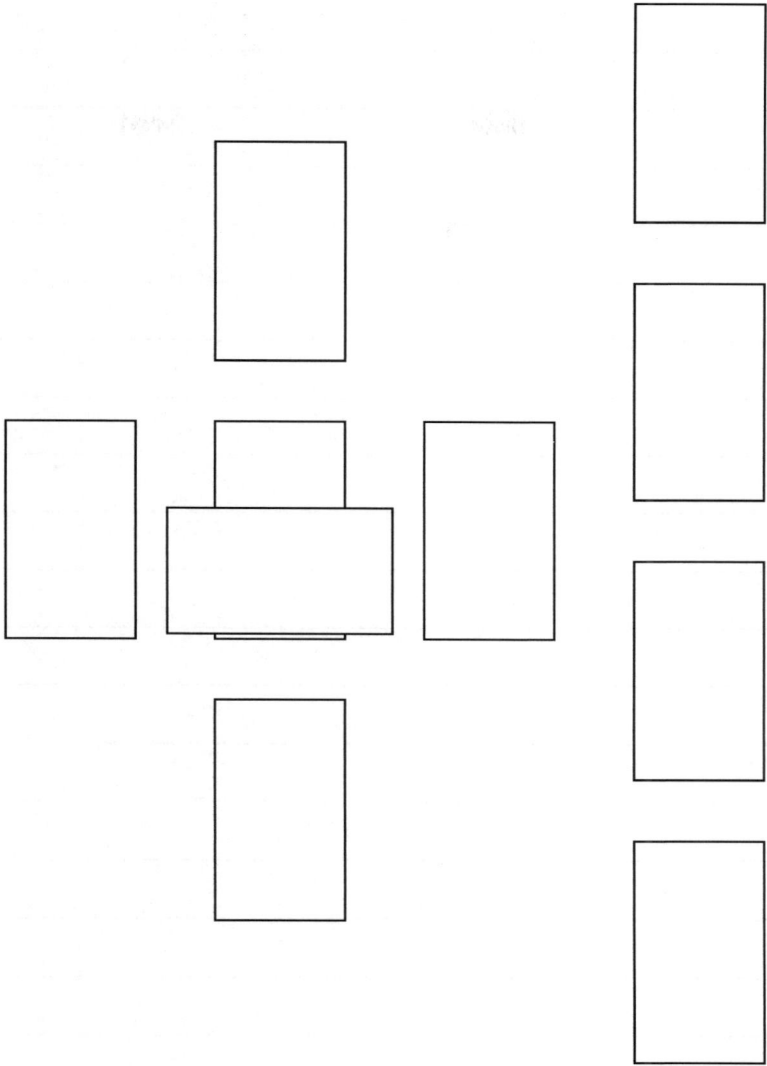

SIGNIFICATOR

DATE _____

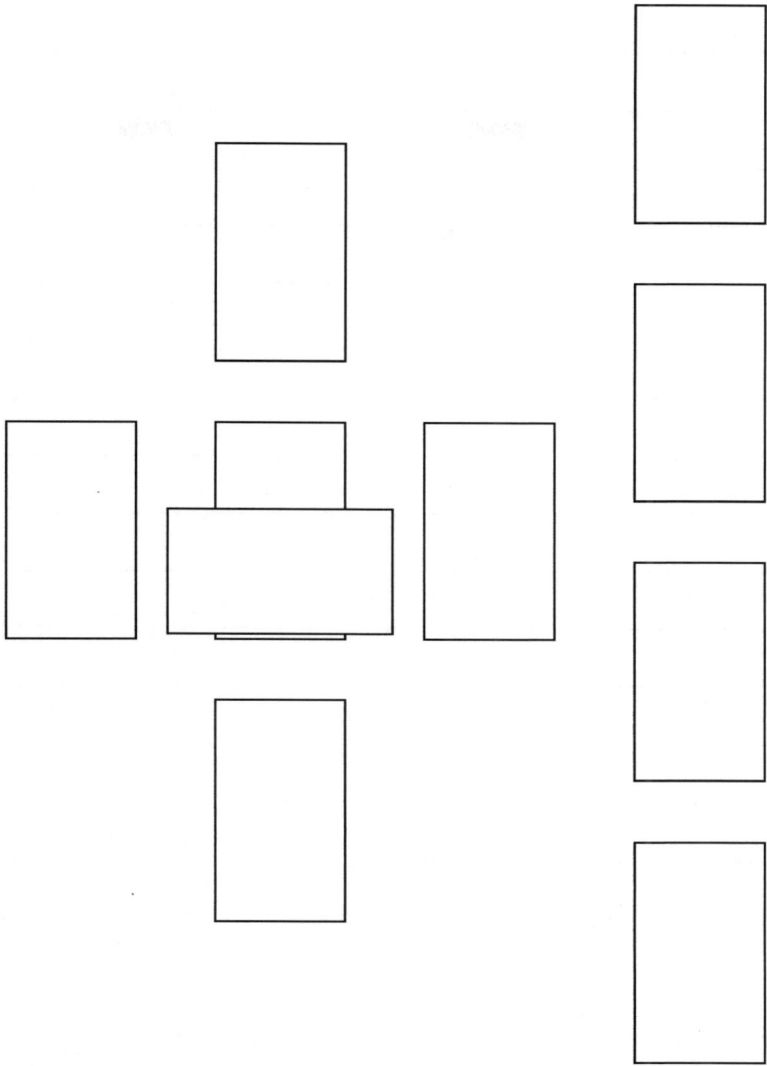

SIGNIFICATOR

DATE _____

DATE _____

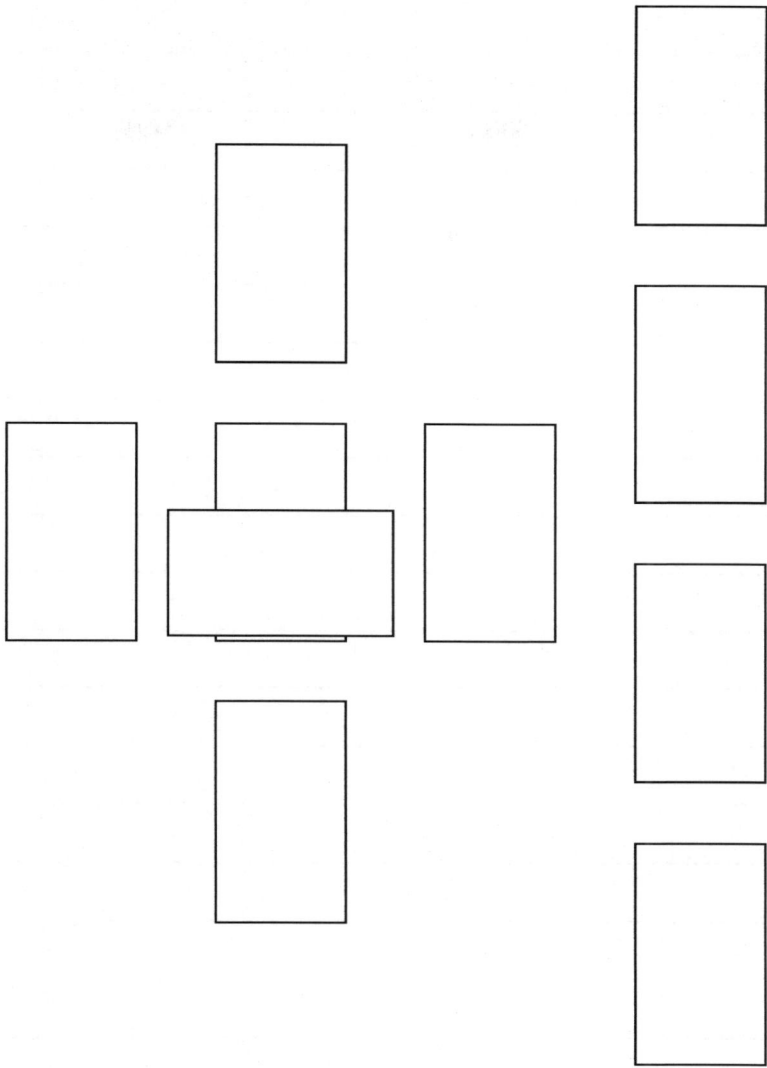

DATE _____

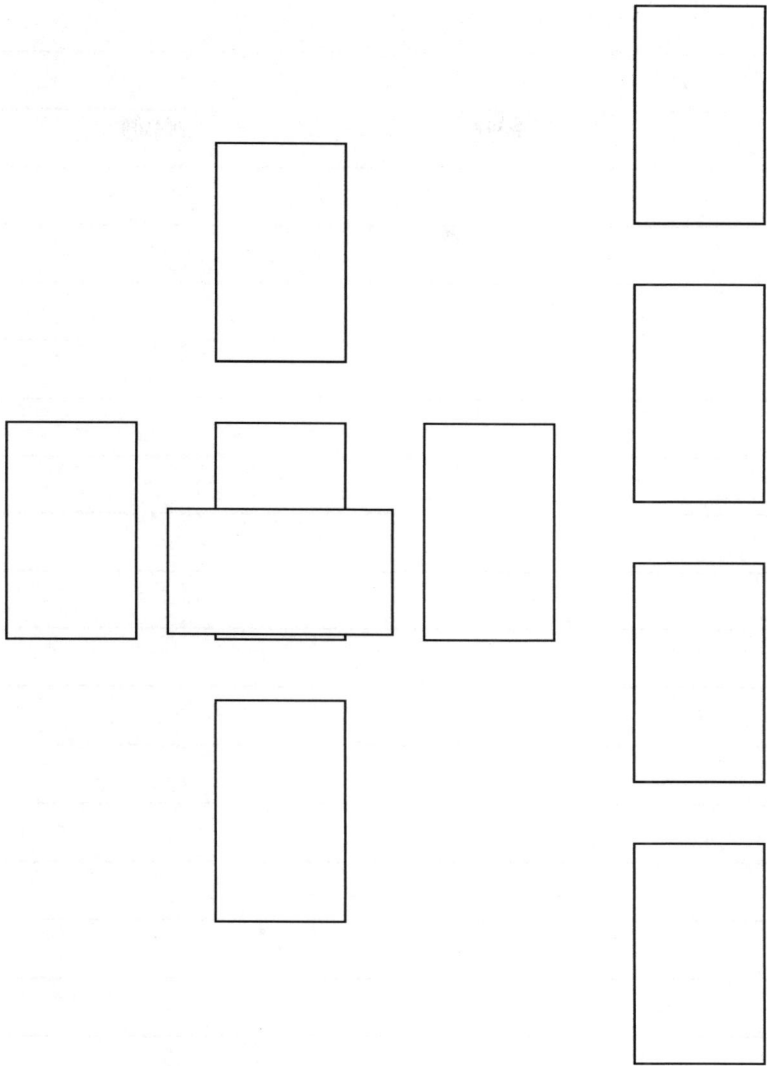

SIGNIFICATOR

DATE _____

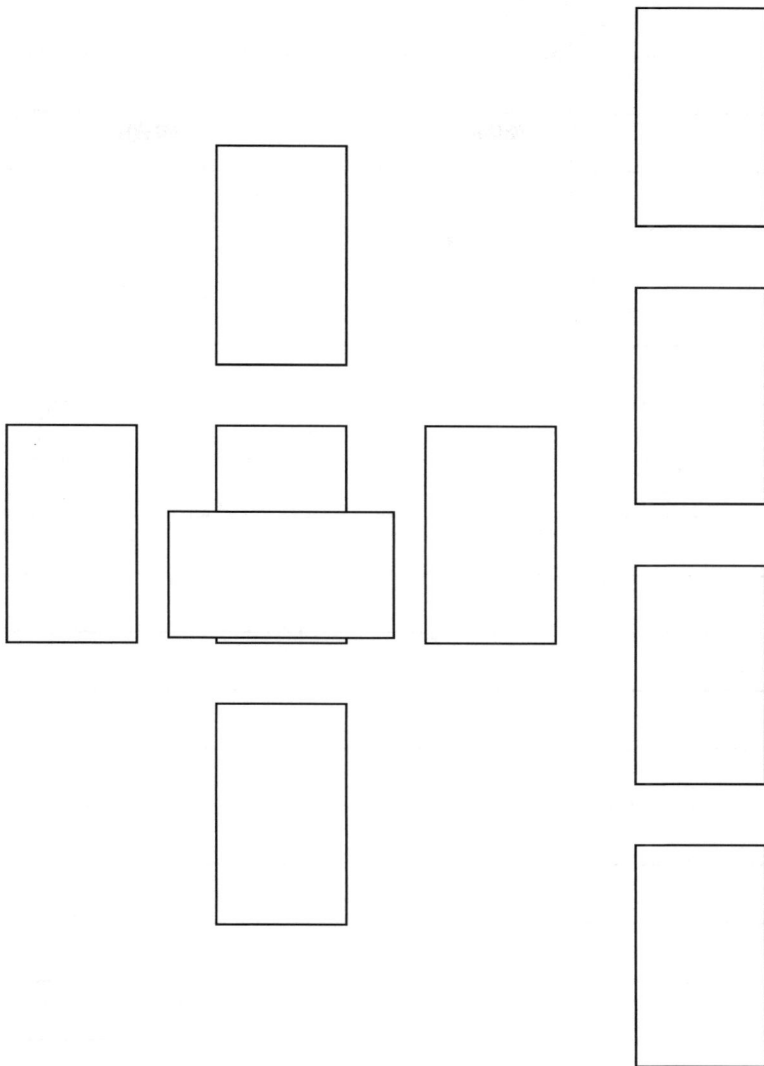

SIGNIFICATOR

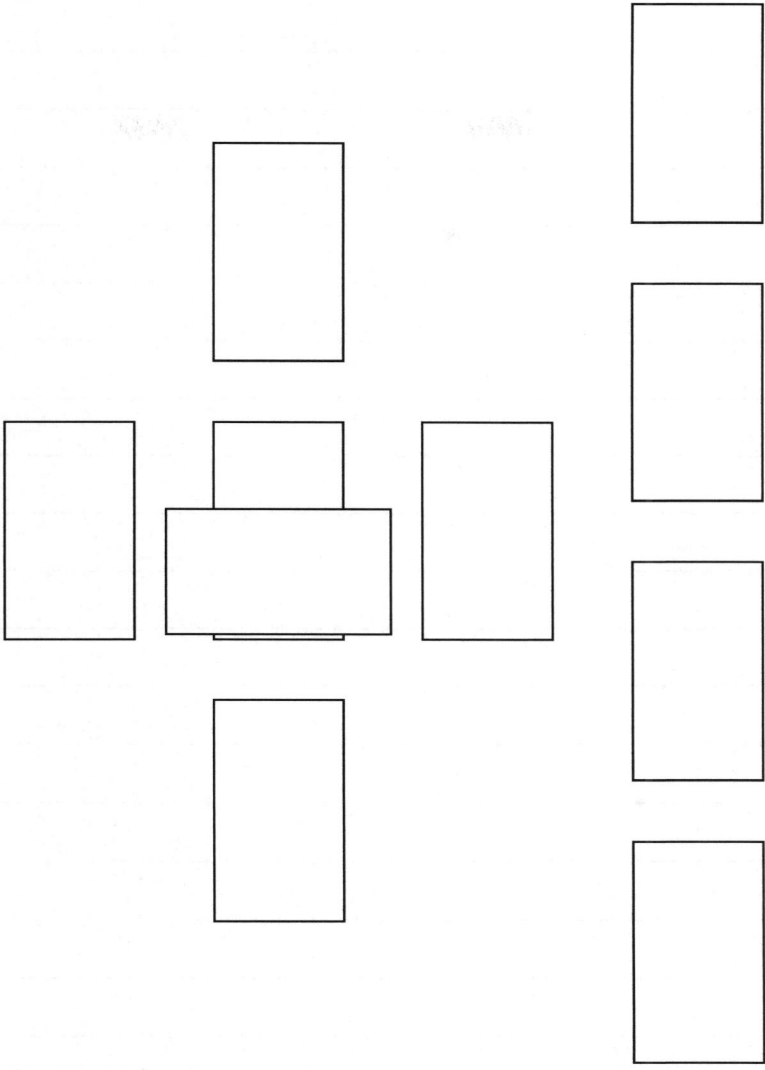

SIGNIFICATOR

DATE _____

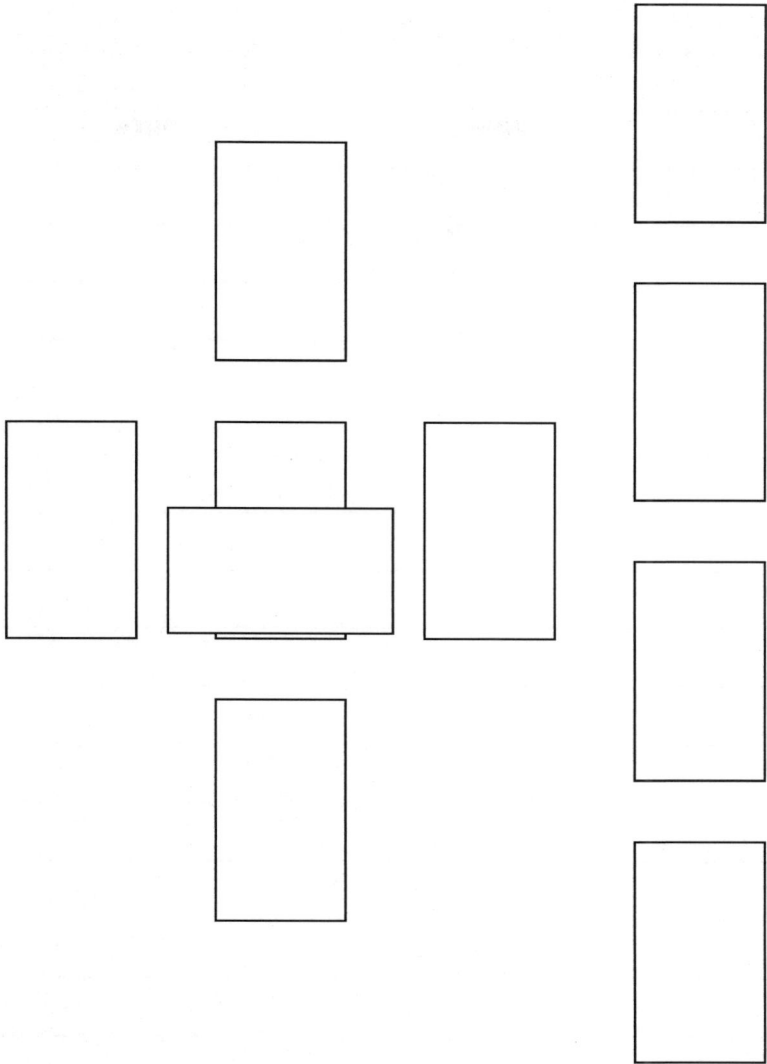

SIGNIFICATOR

DATE _____

SIGNIFICATOR

DATE _____

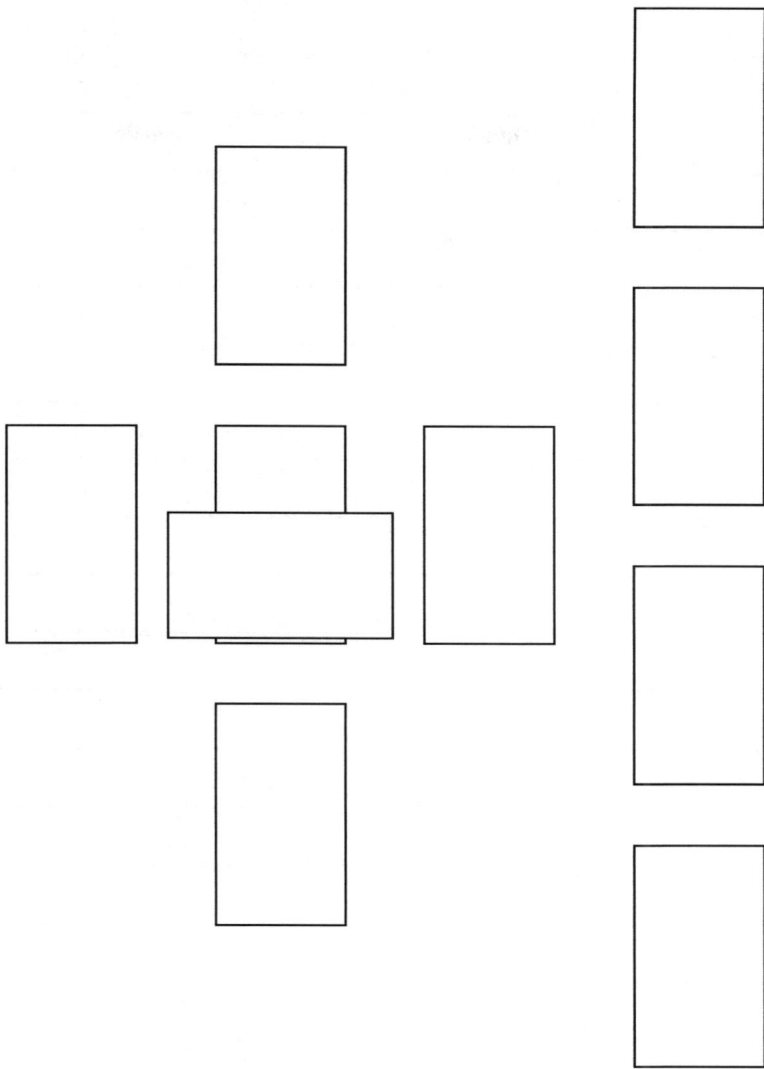

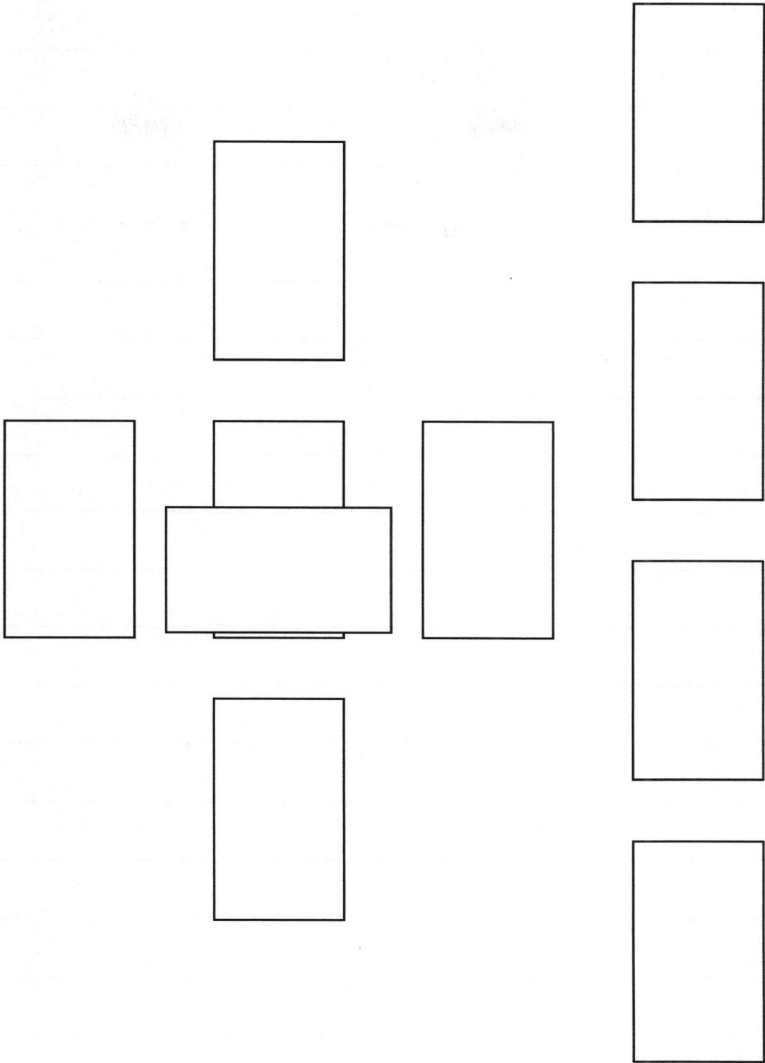

SIGNIFICATOR

DATE _____

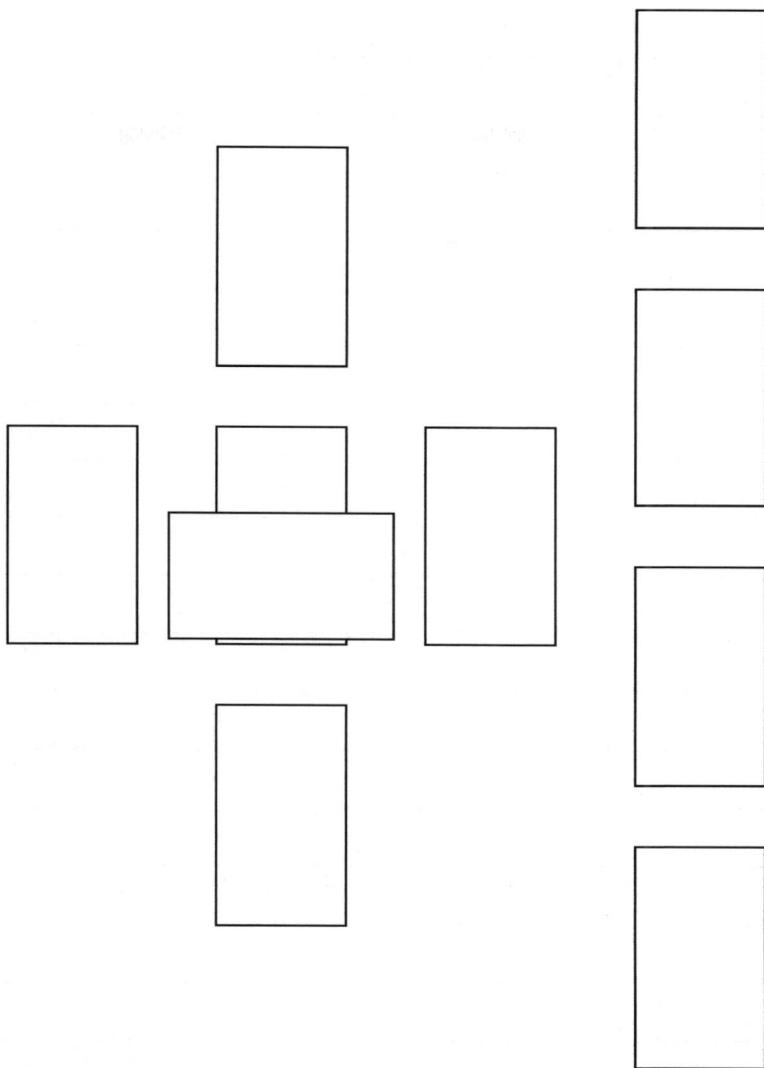

SIGNIFICATOR

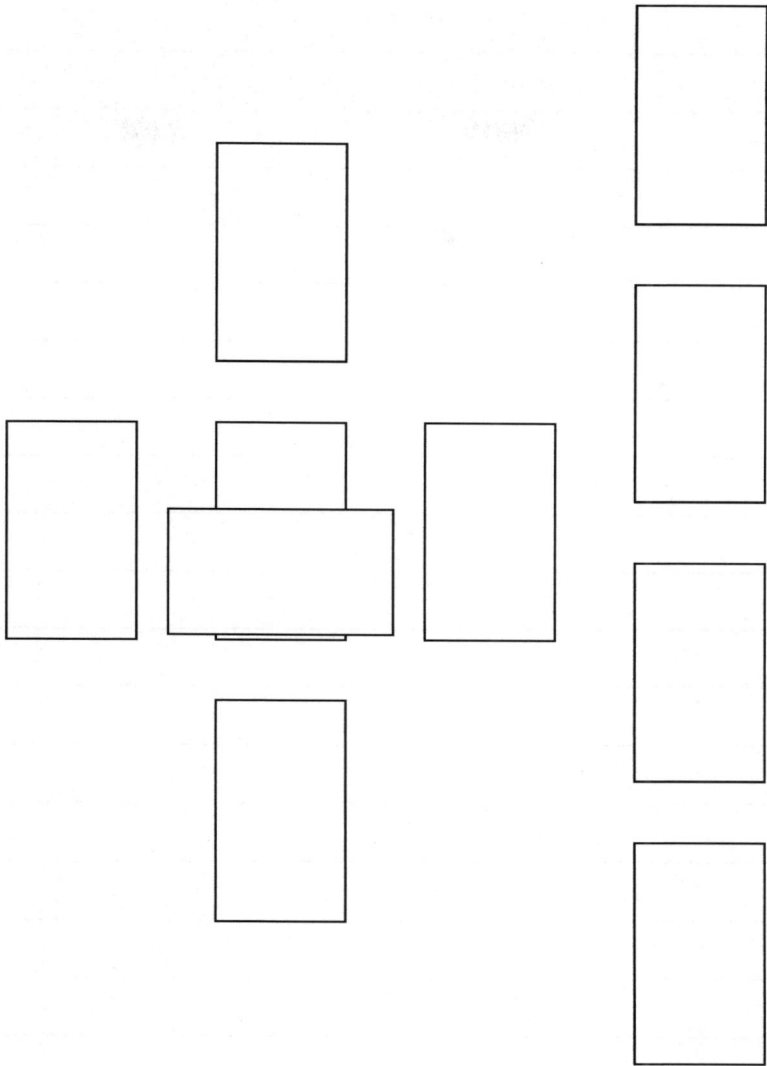

SIGNIFICATOR

DATE _____

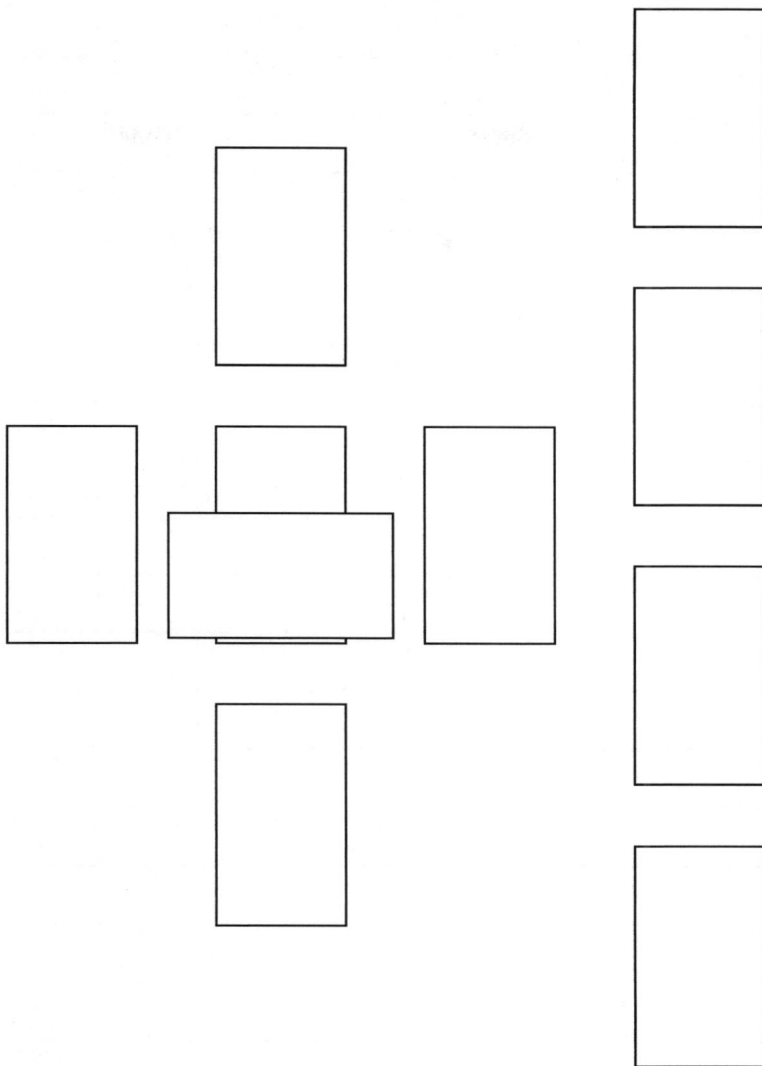

SIGNIFICATOR

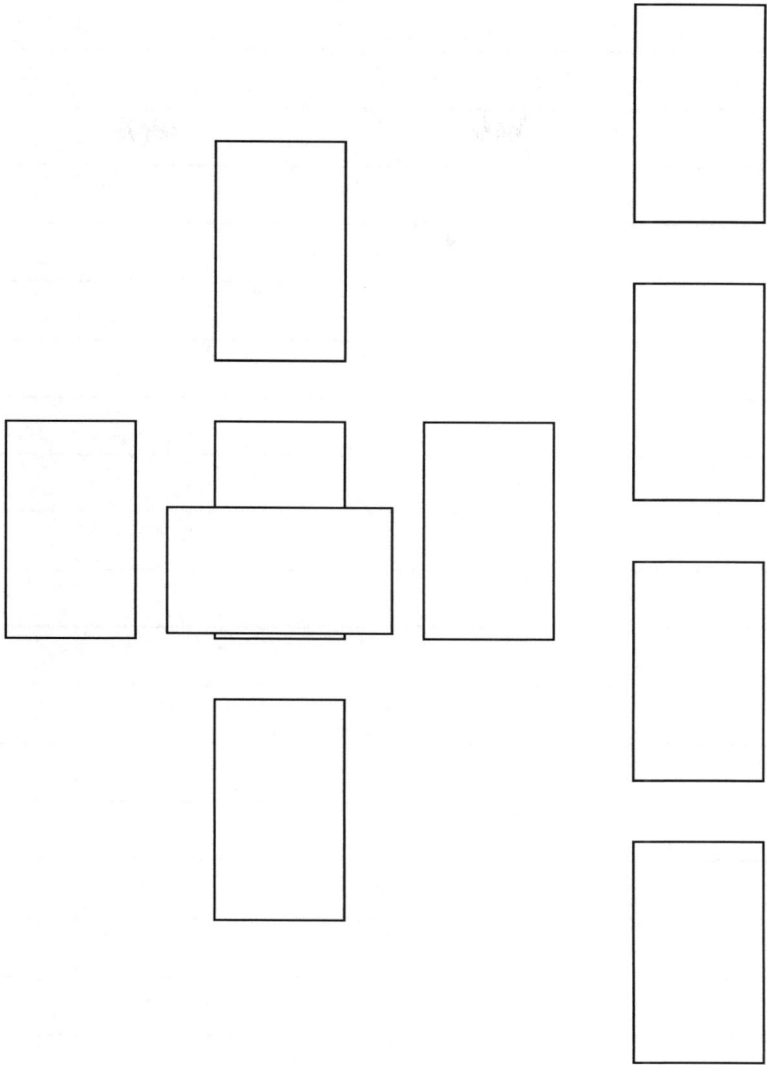

DATE _____

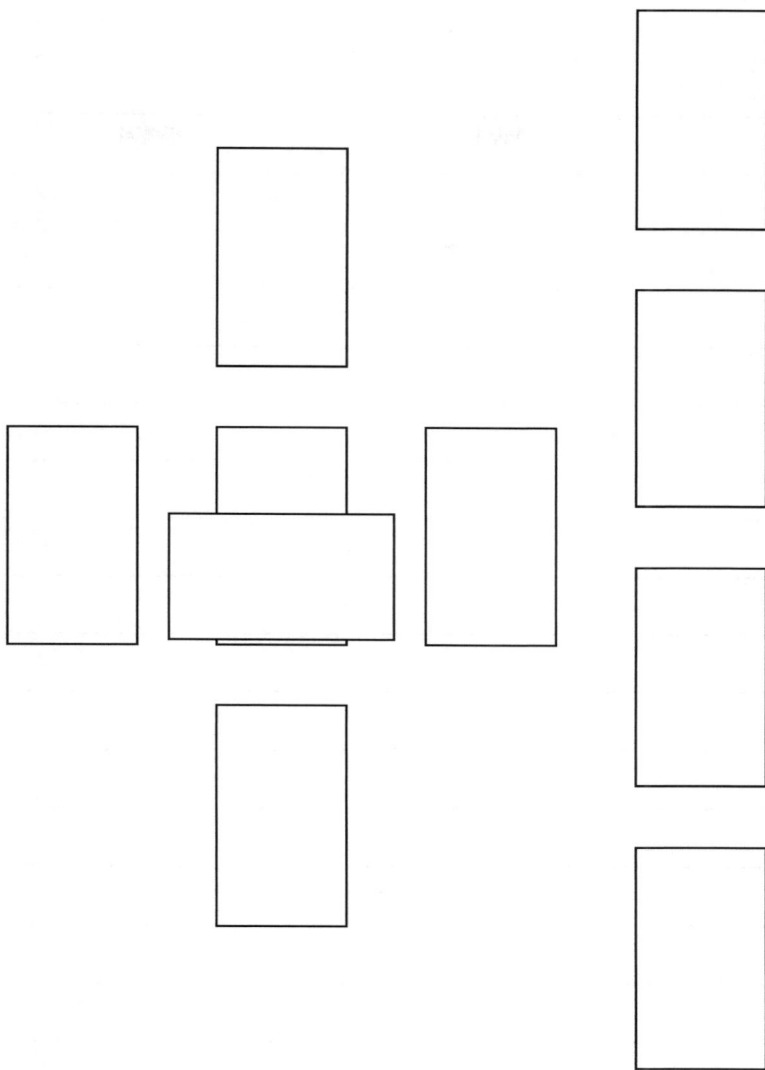

SIGNIFICATOR

SIGNIFICATOR

DATE _____

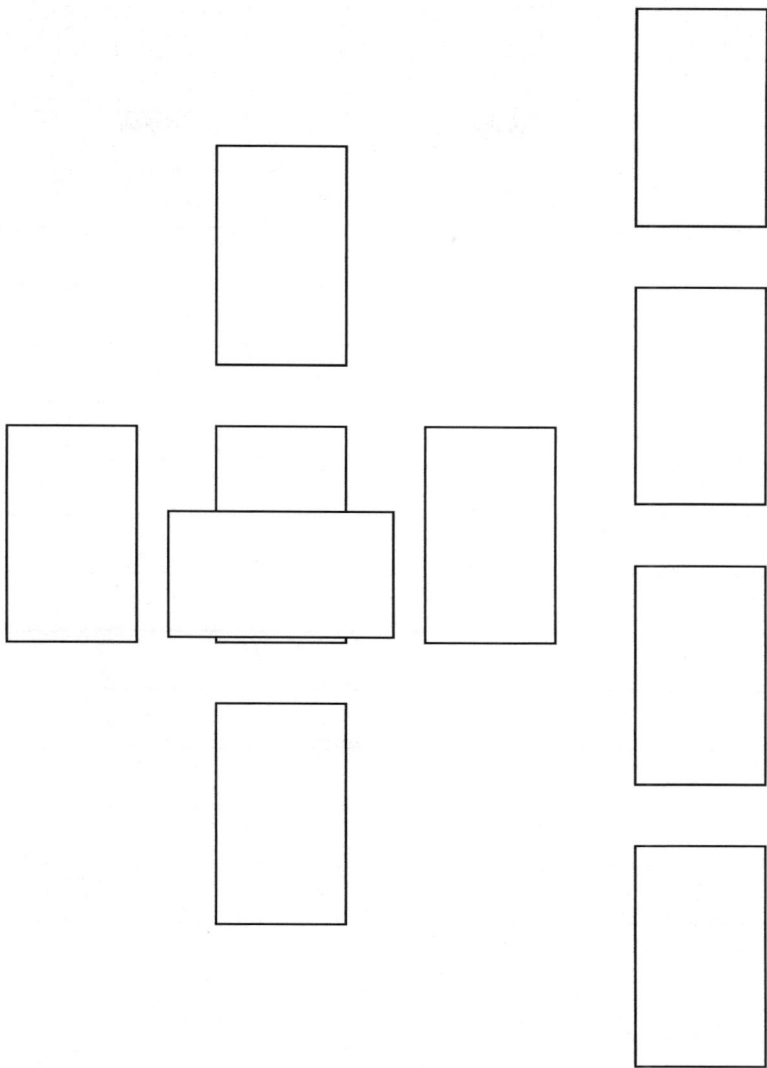

DATE _____

SIGNIFICATOR

DATE _____

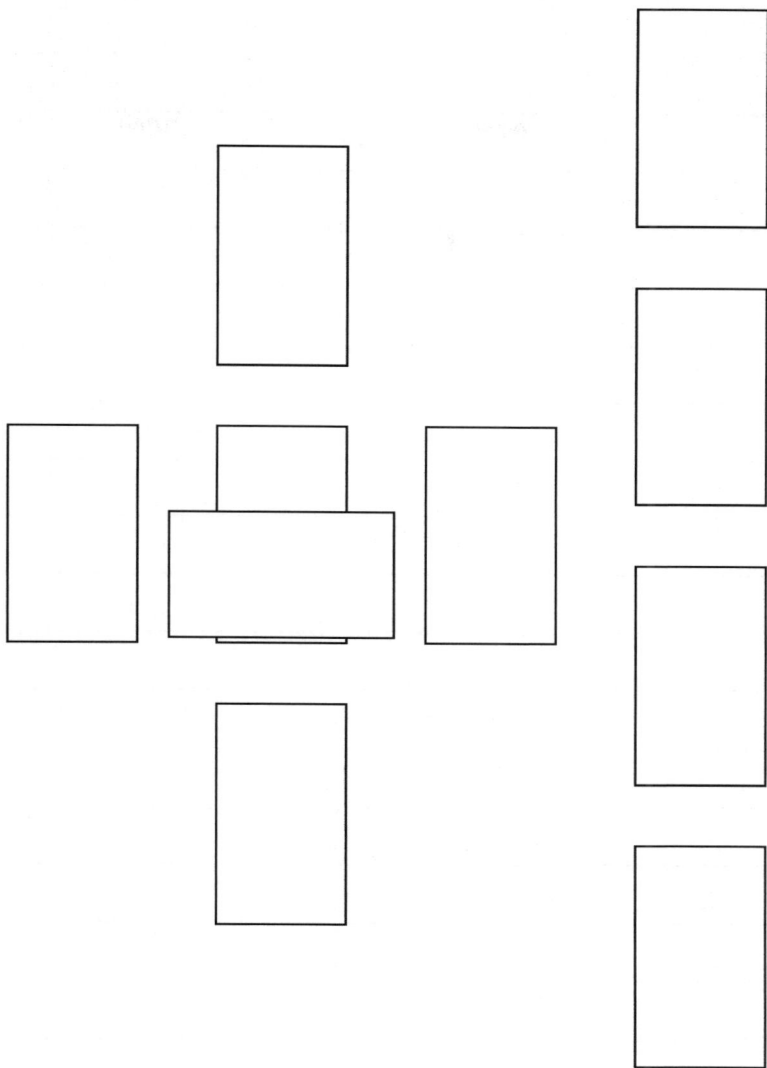

SIGNIFICATOR

DATE _____

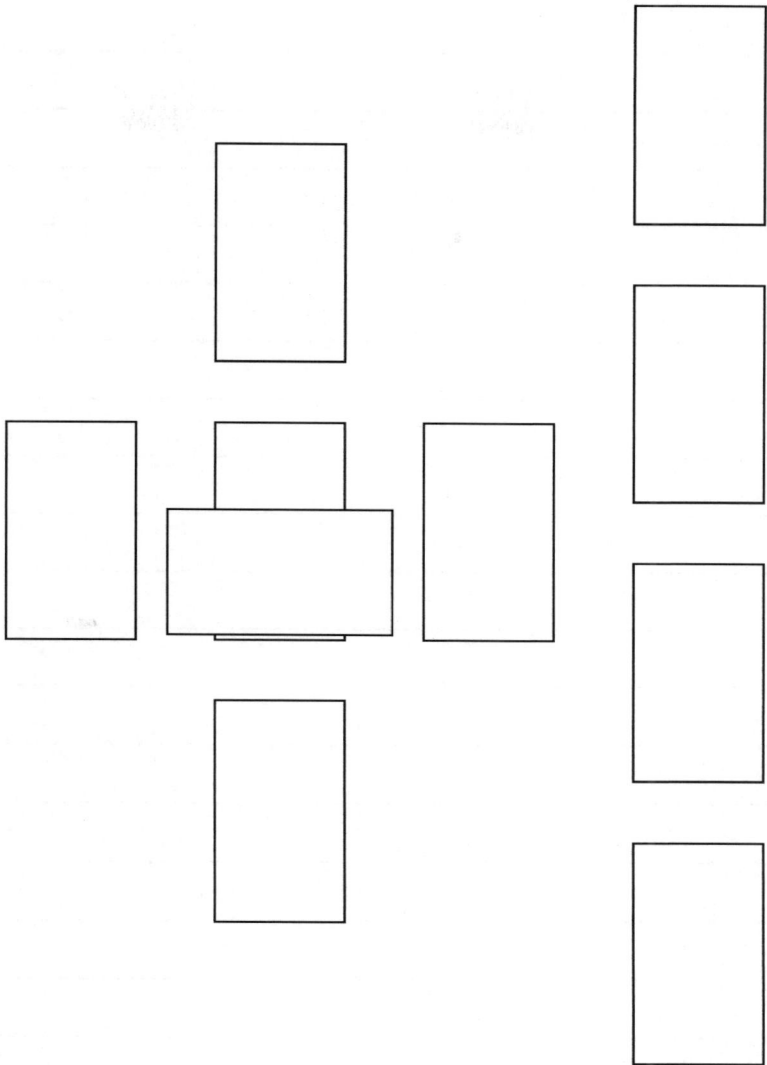

SIGNIFICATOR

DATE _____

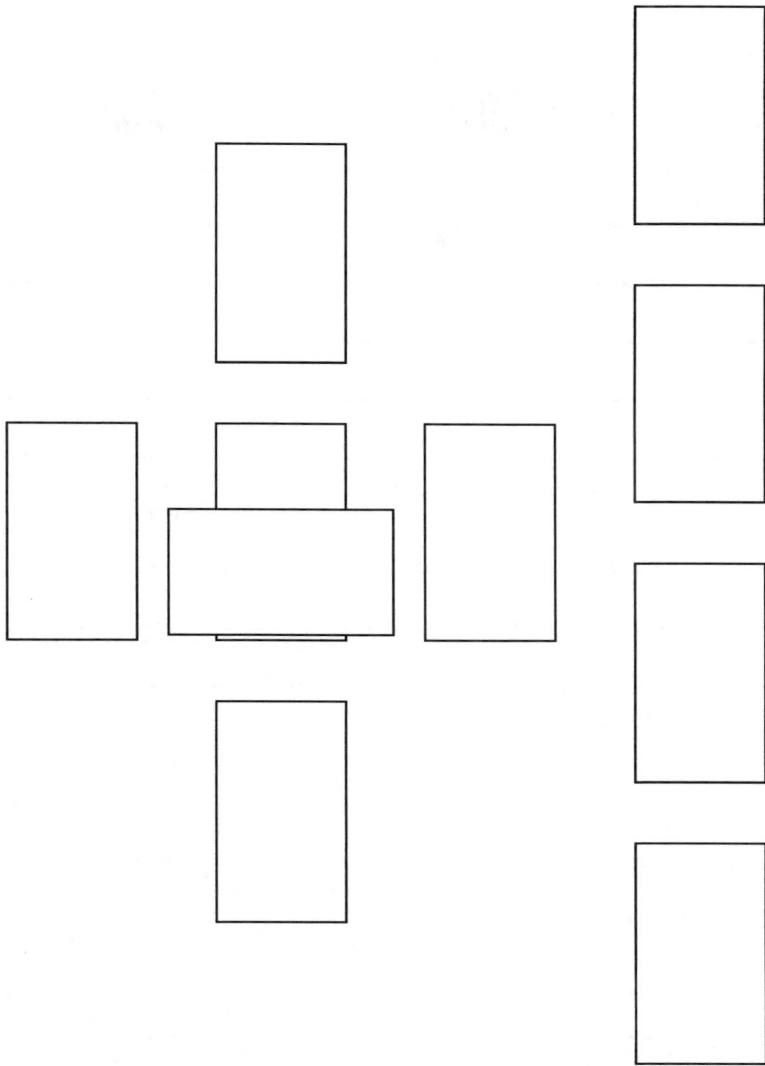

SIGNIFICATOR

DATE _____